MINDSET

Come cambiare la propria vita in meglio!

Come raggiungere il successo e migliorare le relazioni,

attraverso il giusto "mindset"

IN 21 GIORNI

Mindset

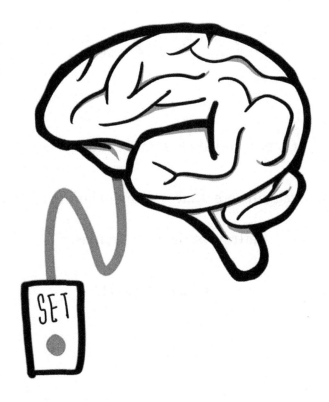

Mindset

Contents

Introduzione 7

Capitolo 1: Quanti (e quali) sono i tipi di Mindset? .. 19

Mindset accrescitivo e carente: qual è la differenza? 21

Mindset produttivo vs Mindset difensivo: quando la pianificazione accresce la gratificazione personale 26

Mentalità statica vs Mentalità dinamica: come trovare il giusto equilibrio? 30

Capitolo 2 – Perché le persone sono diverse? 37

Cosa dice la scienza sul settaggio mentale? 43

Il vincolo della ripetizione: quando e come sfruttarlo a nostro vantaggio? 47

Capitolo 3 – Mentalità di crescita (Growth Mindset) e mentalità statica (Fixed Mindset) 53

L'impostazione di un mindset di successo: Tu come CEO, come AD, Amministratore della tua vita.. 61

Capitolo 4 – Il Mindset e le relazioni sociali 70

Come creare delle relazioni efficaci?..................................... 71

Come mai alcune persone riescono ad ottenere facilmente dagli altri consenso, rispetto, approvazione e supporto? 76

Come mai alcune persone sono diventate brave a comunicare, negoziare, gestire collaboratori? 88

Capitolo 5 – Il Mindset in pratica: puoi davvero cambiare la tua mentalità? 91

Quando la paura diventa una fedele alleata: come comportarci? 93

Nuove abitudini in poche settimane: è possibile? 97

Quali sono le principali tecniche di riprogrammazione mentale? 100

Qual è il metodo migliore con cui realizzare i tuoi obiettivi? 107

Capitolo 6 - Il Mindset e le nuove tecnologie 111

Digital Mindset: cos'è e perché è importante conoscerlo? 113

Trading, Digital marketing, Drop shipping in pillole: cosa sapere? 119

Capitolo 7 – Esercizi utili da mettere in pratica: Growth Mindset, Persuasione, Digital Mindset (e molto altro) 124

Digital Mindset e Growth Mindset: esercizi 2.0 per una crescita di successo 130

Esercizi di persuasione e di magnetismo personale: le tecniche per mettere in pratica un mindset di successo 138

Conclusioni: Mindset, motivazione, autostima e tanta voglia di mettersi in gioco 148

Bibliografia................152

Mindset

Il successo non è la chiave della felicità.

La felicità è la chiave del successo, se ami ciò

che stai facendo, avrai successo.

(Albert Schweitzer)

Introduzione

Mindset. Un termine che ha acquisito valore crescente in virtù della sua rilevanza nel mondo contemporaneo.

Qual è la verità che si nasconde dietro una parola tanto semplice quanto potente?

La tua mentalità è la tua preziosa collezione di pensieri, idee, convinzioni, è quella che definisce chi sei e il tuo comportamento. La tua mente ha un potere molto forte perché ti fa vedere le cose non sempre per come sono, ma per come tu le percepisci.

Tutti oggi vorremmo avere il "*giusto Mindset*" per raggiungere il **successo**!

Avere successo è una cosa a cui tutti ambiamo nella vita, almeno nel senso del concretizzare i nostri desideri che non sono per forza collegati con i soldi o la celebrità, come spesso tendiamo a pensare.

Il successo è qualcosa di più che avere una villa di lusso, è il riuscire a raggiungere gli obiettivi che ci poniamo e toglierci delle soddisfazioni, che non sono le stesse per tutti.

In ogni ambito della vita, infatti, è indispensabile avere l'approccio giusto per poter fare le scelte adeguate che portino ai risultati desiderati.

Se stringi le pagine di questo libro tra le mani, molto probabilmente sei alla ricerca di un punto di partenza da cui riuscire a sviluppare la migliore versione di te stesso.

Ebbene, non c'è elemento della nostra esistenza più importante e influente del mindset: quest'ultimo è alla base del nostro agire sia personale sia affettivo, senza dimenticare l'ambito professionale o formativo.

In ogni istante – sia che si attenda in fila alle poste o al supermercato, sia che si conosca un nuovo gruppo di amici o si cerchi di portare a termine un obiettivo – ecco che il settaggio del nostro cervello influisce sul modo in cui siamo soliti guardare (e giudicare) quanto ci circonda.

Sei ancora confuso?

Abbiamo scelto di approfondire la questione entrando nel vivo delle domande che analizzeremo con te, step-by-step: *Cos'è il mindset? Perché esso varia da persona a persona? Qual è il migliore?*

Inoltre, non abbiamo potuto fare a meno di corredare le pagine che seguono con una vasta gamma di esercizi pensati *ad hoc* per te e per i traguardi che desideri raggiungere nel prossimo periodo.

Fermati a riflettere per un solo istante: ognuno di noi è possessore di una visione del mondo che si riflette sulle emozioni che proviamo, sulle idee che ci ronzano per la testa, sul modo in cui siamo soliti condurre le nostre relazioni interpersonali. Un aspetto puramente ideale, si riflette sulla pragmaticità della routine quotidiana: una questione immaginativa riesce a trasformare le settimane, i mesi e gli anni in ciò che più profondamente desideriamo essere e/o diventare.

Non solo: il mindset ci rende unici; quante volte capita di sentirti schiacciato sotto il peso di persone che – lamentandosi e trasmettendo negatività – finiscono per influenzarti e per renderti un mix sapientemente bilanciato di insofferenza, pessimismo, insoddisfazione e scarsa progettualità? Siamo qui per questo: nel nostro manuale desideriamo porre la parola *fine* al modo in cui gestisci il tempo che hai a disposizione. Ricorda: i minuti che vivi nel momento presente sono un bene di gran lunga superiore a qualsiasi prodotto e/o servizio tu possa mai decidere di acquistare; i primi non possono essere accumulati, i secondi vengono scambiati quotidianamente in cambio di denaro. Il punto è: come influisce tutto questo sul modo in cui ti comporti, a seconda di ciò che avviene nel mondo esterno a te prossimo?

Non esiste un atteggiamento giusto o sbagliato: a variare è la tua capacità di saper far fronte agli ostacoli nella maniera corretta, riuscendo a collocare nel giusto spazio personale la carriera, il successo e tutti i fattori affettivi, soggettivi e immaginativi che appartengono al tuo microcosmo. Ora, cosa determina un dato atteggiamento mentale? In che modo saper sfruttare il mindset a tuo vantaggio? Se il settaggio psicologico influenza – mediante un insieme eterogeneo di credenze e pensieri – ciò che realmente riesci a concretizzare nella tua vita, è giunto il momento di comprendere quale strada intraprendere per riuscire a tagliare i traguardi che ti sei prefissato. Non importa che tu sia uno studente universitario soffocato sotto il peso di esami last-minute, né tantomeno se sei un imprenditore o un dipendente che aspira a iniziare finalmente la sua vita con il piede giusto: *ognuno di noi pensa, agisce e si comporta in maniera originale e differente (e noi siamo qui per spiegarti il motivo di un approccio tanto speciale e innovativo).* Non possiamo

prevedere i successi e/o i fallimenti altrui, ma possiamo
iniziare a comprendere in che direzione stiamo proseguendo
il nostro personale cammino, così da essere pronti ad
affrontare le sfide che la realtà ha in serbo per noi. Al termina
della lettura, potrai contare su un insieme di conoscenze volte
a potenziarti e valorizzarti; è giunto il momento di prendere
in considerazione ciò che sei stato, ciò che sei e ciò che aspiri
a diventare. Il mindset è la risposta a ogni tuo quesito, e
siamo certi di poterti dimostrare in che modo riuscire a
portare a termine un'analisi 100% oggettiva della visione del
mondo che ti appartiene.

Ti chiederai: *"Quali sono gli strumenti di cui ho bisogno per
arrivare a raggiungere i miei risultati?"* Non necessiti di
alcun dispositivo ultrasofisticato, possiamo assicurartelo.
Trattandosi di un "esame" squisitamente umano, puoi dire
addio alla sofisticata tecnologia che hai perennemente a
disposizione (e con cui stai anche leggendo le pagine di
questo libro). La regola aurea nello studio e

nell'approfondimento del mindset, infatti, è la seguente: *devi imparare a porti le domande giuste.* Una pratica, se ci pensi, che affonda le sue origini nella storia del pensiero umano. Lo stesso Aristotele – nel libro I della sua Metafisica – esprime una verità tanto semplice quanto profonda: per giungere all'essenza delle cose, è necessario che si abbia il coraggio e l'astuzia di porre a noi stessi i quesiti giusti. Geniale, non è vero? Ebbene, il primo step interrogativo che vogliamo proporti è: *"Tutto ciò che hai scelto di realizzare finora, ti ha davvero permesso di migliorare la tua esistenza? Oppure è stato un qualcosa di condizionato e obbligato, che non ti rappresenta? Sei appagato, sì o no?"* Essere consapevole del *mood* esistenziale e psicologico che ti caratterizza in questo periodo della tua vita, infatti, è fondamentale per sapere esattamente dove e quando intervenire. Se la risposta è negativa, non puoi assolutamente pensare di continuare a comportarti così come hai fatto negli ultimi mesi, addirittura anni.

Qual è il problema cardine su cui ruota l'idea di fallimento

che ti impedisce di essere soddisfatto di te stesso? Il lavoro?

Gli affetti? La ristrettezza economica? Per poter raggiungere

un traguardo diverso è necessario percorrere una strada che

sia originale e pensata esattamente per venire incontro alle

tue reali esigenze. *Tutto è possibile!* Eppure, nella

maggioranza dei casi pensiamo che la vita sia ormai giunta al

termine delle sue possibilità evolutive: ci arrendiamo allo

stato di cose in cui versa ciò che effettivamente ci appartiene,

e neppure siamo in grado di esser grati di quanto

possediamo.

Trascuriamo affetti e successi personali, smettiamo di far progetti, di sognare o di investire su noi stessi! Insomma, il mindset non è altro che il cammino di crescita volto in direzione delle opportunità che ti circondano: spesso non le riconosci in quanto stimoli di cambiamento, altre volte ne sei inconsciamente spaventato. Il risultato? La tua visione del mondo tende ad assumere sfumature fosche e insoddisfacenti. Nello specifico, le pagine a seguire saranno dedicate a:

- **Una conoscenza a 360 gradi delle tue esigenze:** riconoscere i tuoi bisogni è il primo passo per soddisfarli, dopotutto;

- **Analizzare la componente emotiva e cognitiva che sta alla base del tuo atteggiamento,** ovvero del fattore comportamentale: l'essere umano è una macchina sapientemente costruita al fine di analizzare emozioni, informazioni, stimoli e istinti che provengono dall'interno e dall'esterno del nostro organismo. *Se sicuro di conoscere quali sono i protagonisti psicologici della tua vita?*

- **Inquadrare l'atteggiamento principe della tua vita, risalendo al background** (ovvero alla storia passata) che ti ha portato ad assumere un dato mindset predominante;

- **Analizzare i tipi di settaggi mentali che hai a disposizione:** non crederai forse che la realtà si divida tra chi vede *il bicchiere mezzo pieno e chi lo considera mezzo vuoto,* non è vero? Il mondo esterno è complesso, subdolo e spesso capace di spaventarci intimamente. Sai perché? Molto probabilmente non hai le difese mentali con cui riuscire a minimizzare le tue insicurezze; finisci per subire un costante

fenomeno di suggestione e depotenziamento, iniziando

a credere alle critiche manipolative altrui. *Pensiamo*

che sia giunta l'ora di dire basta!

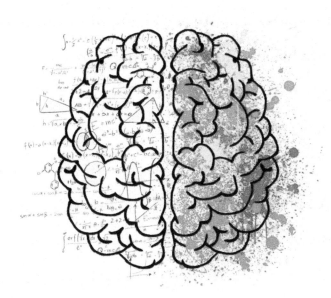

Capitolo 1: Quanti (e quali) sono i tipi di Mindset?

E sistono differenti tipi di mentalità, inutile negarlo. In ogni caso, lo scopo che devi perseguire è solo uno: dare spazio alla versione migliore di te stesso, riuscendo finalmente a tagliare i traguardi che ti sei prefissato nel corso della tua vita. Sebbene le modalità di crescita e di miglioramento siano potenzialmente infinite, è necessario che tu abbia consapevolezza delle effettive esigenze che ti porti dentro: smettila di invidiare le vette altrui, non pensare di poter seguire – step-by-step – il percorso di un *guru* che ti promette di ottenere i risultati da tempo sperati. La vera rivoluzione parte dal desiderio di dare vita alla tua personale strada, alla tua inedita chiave di lettura con cui aprire le porte della realtà che ti circonda.

Il compito può sembrare arduo (e senza la dovuta preparazione lo è): eppure, i premi in palio sono troppo importanti per scegliere di gettare la spugna prima del previsto. Moltissime persone si nascondono dietro la maschera della sfortuna e della cattiva sorte: *"Non sono riuscito negli studi x" oppure "mi hanno licenziato dal momento che"* sono le classiche espressioni disperate che cercano di trovare una motivazione razionale a un fallimento.

La domanda che dovremmo porci è sempre la seguente: *"Ho dato davvero il massimo? Ho lottato per raggiungere gli obiettivi che mi ero prefissato? Oppure ho fatto in modo che la mia pigrizia fosse causa dell'insuccesso che ora cerco di mascherare (e che mi fa sentire intimamente in colpa?)"* Per capire in che modo dare la giusta spinta al *modus operandi* della tua giornata, è prima di tutto necessario conoscere le alternative che hai a tua disposizione per scegliere finalmente un *mindset* che ti calzi a pennello, proprio come un abito confezionato su misura!

Mindset accrescitivo e carente: qual è la differenza?

Non c'è motivo di spaventarti: con questa semplice ambivalenza vogliamo indagare il modo in cui sei solito cogliere l'abbondanza (e la mancanza) nella realtà che ti circonda. Se ci pensi, la presenza di beni di prima necessità (e non solo) è alla base de nostro vivere associato: molti individui tendono a vedere il bicchiere mezzo vuoto, come se la condivisione di ciò che si possiede fosse motivo di rinuncia, di *"non ce n'è a sufficienza per me"*. Egoismo e paura di aver bisogno di qualcosa, infatti, sono due fattori determinanti che spingono gli esseri umani a entrare in competizione: il diverso, l'altro, il prossimo si trasformano in concetti che rischiano di minare alla base ciò che si desidera acquistare/avere/sfoggiare in maniera esclusiva, in abbondanza. Sai qual è l'ostacolo principale che si cela dietro questo modello di pensiero? Le opportunità diventano un punto di rottura, ovvero delle crisi che ingenerano ansia, frustrazione e stress. Se devi arrivare prima degli altri (anche quando non è necessario) capisci bene che finirai per rimanere vittima della realtà stessa che ti circonda. Di contro, le persone con una mentalità di abbondanza non sono limitate da questo settaggio psicologico. La novità diventa causa di condivisione e di sperimentazione.

Immagina di essere parte di un team di lavoro, al quale viene assegnato un *task* particolarmente importante dall'azienda in cui sei impiegato. Cosa fare? Come approcciare la sfida che la tu professione ti ha messo davanti? Il mindset di scarsità tenderà ad affaccendarsi – senza collaborare e condividere le sue idee – al solo scopo di giungere per primo alla meta (il successo, le congratulazioni del capo o magari una bella promozione, che non guasta mai), senza tenere in considerazione la presenza dei colleghi. Capisci bene che la fretta e l'ansia connesse al raggiungimento della vetta, renderanno tale individuo frenetico (e magari anche scarsamente produttivo, considerando che la gestione del tempo viene predisposta nel migliore dei modi quando abbiamo modo di pensare a noi stessi e alle nostre attività con calma e consapevolezza). Il mindset di abbondanza, invece, ci suggerisce un'altra alternativa: cogliere l'opportunità come motivo di crescita, di miglioramento e di condivisione. Il successo e le congratulazioni potranno essere ripartiti, se il lavoro andrà a buon fine. L'impiegato in questione inizierà a raccogliere le idee del suo team cercando di trovare soluzioni, innovazioni e proposte di crescita e di miglioramento. Capisci la differenza? L'abbiamo riassunta qui sotto per aiutarti a cogliere il fulcro del nostro messaggio:

- **Mentalità accrescitiva:** la predisposizione psicologica in questione consente di sfruttare al meglio le riserve di energia che tutti noi possediamo, rivolgendole a ciò che realmente funziona, ovvero su quanto può davvero fare la differenza rispetto alla situazione di partenza.

- **Mentalità riduttiva:** in questo caso, le *chances* di crescita vengono soffocate sotto la paura di fallire, di non arrivare prima degli altri. Il soggetto in questione, inoltre, tenderà a rimanere ancorato alle possibilità di fallimento (a ciò che non potrebbe funzionare) perdendo di vista la bellezza insita nella sperimentazione e nell'innovazione.

Capisci bene la differenza che intercorre tra i due approcci in questione: da un lato, l'individuo sarà portato a provare sincero piacere per le opportunità che la vita gli pone davanti; dall'altro, stress, ansia e frustrazione finiranno per ingenerare un ciclo di auto-rimprovero, in cui la persona rimarrà vittima dei suoi stessi giudizi iper-critici e iper-svalutativi. Rifletti per un istante sul fatto che non c'è motivo di perdere di vista gli obiettivi e le cause che ti spingono a perseguire certi scopi: *il benessere personale rimane l'essenza di ogni attività, ricordalo sempre*. Basta davvero poco per scoprire che il mondo *"è a sufficienza per tutti"* e che la condivisione non è soltanto privazione, ma scoperta del diverso e dell'alterità! *Provaci!*

Mindset produttivo vs Mindset difensivo: quando la pianificazione accresce la gratificazione personale

La nostra routine quotidiana è sempre più frenetica e stressante: commissioni, impegni, appuntamenti e prestazioni lavorative rischiano di porci in una condizione di sovraffaticamento generale. Il tempo non è mai abbastanza: sembra quasi che la mattina scorra via tra le nostre dita come sabbia, arrivando a un pomeriggio in cui si ha ancora un mare di attività da portare a compimento. Cosa fare? Quali sono i due settaggi mentali che l'essere umano è solito impiegare per leggere la realtà che lo circonda? In primo luogo, vogliamo parlarti del difensivo, ovvero di colui che – pur correndo da un capo all'altro della città durante tutto il corso della giornata – arriva alle 17 con la netta sensazione di aver spuntato solo due o tre task dalla sua lista di cose da fare. Ti è mai capitato di sentirti stanco e insoddisfatto? Hai mai percepito il peso della non-produttività soffocare la tua gratificazione personale al termine della giornata? Se la risposta è sì, allora il mindset può davvero fare la differenza per te e per il tuo modo di affrontare le sfide della quotidianità! In che modo? Ebbene, avere un settaggio psicologico che sia produttivo, non significa lavorare di più (dopotutto abbiamo a disposizione solo 24 ore, sia che si viva in Italia sia che si viva in America, sia in caso tu sia uno studente sia qualora tu faccia l'imprenditore).

Gestire il tempo a tua disposizione, di contro, permette di veicolare le energie e gli sforzi giornalieri esattamente dove è necessario, quando è necessario farlo. Non si può pretendere di portare a termine tutti i compiti, essere ovunque (il potere del teletrasporto è prerogativa esclusiva di qualche film hollywoodiano) o addirittura di riuscire a concludere i *task* nel modo più rapido possibile. *Devi imparare a sfruttare al massimo le possibilità di crescita che sono insite nel processo operativo*. Ti chiederai il significato di queste parole: ebbene, non è creando problemi, dubbi e incertezze che riuscirai a concludere in maniera *smart* i compiti professionali, affettivi o personali che ti sei imposto. *Il segreto sta nel trovare soluzioni:* devi apprendere in che modo cercare di massimizzare le tue prestazioni mediante il ragionamento, l'intelligenza e l'acutezza mentale. Non si tratta di lavorare di più *(Work more)* ma di operare in maniera differente *(Think better, come direbbero gli inglesi)*. Sai cosa ti impedisce e ti rallenta nella maggior parte dei casi? La paura di dover eliminare un'abitudine, quello che noi amiamo definire una sorta di *scorciatoia di pensiero*. La mentalità difensiva, infatti, è auto-protettiva e molto conservativa! Se ti senti a tuo agio compiendo una data azione nel modo *x*, difficilmente sarai portato a uscire fuori dalla tua *comfort zone*[1] per rimetterti in gioco, cercando di trovare una strada migliore e più aggiornata, non è vero? Sai qual è il rischio che si corre? Quello di perdere di vista la natura stessa dell'essere umano:

---

[1] **Comfort zone:** secondo la psicologia moderna, *"La condizione mentale in cui la persona agisce in uno stato di assenza di ansietà, con un livello di prestazioni costante e senza percepire un senso di rischio".* Con questo termine, facciamo riferimento a una sorta di bolla mentale in cui ci sentiamo al sicuro, perfettamente a nostro agio e sempre capaci di prevedere i potenziali pericoli esterni.

siamo esploratori (non soltanto del nostro mondo interiore o della nostra mente, ma anche dell'esistenza che ci circonda con i suoi pro e i suoi contro). Non importa fallire: ciò che ha realmente valore consiste nella possibilità di apprendere sulla tua pelle nuove possibilità, differenti vie mediante cui raggiungere i tuoi *goals*. Ne parleremo in seguito in maniera più estesa, non temere! Vogliamo solo sintetizzare i vantaggi di una mentalità produttiva:

- **Creatività**: la scoperta è la vera chiave del successo;

- **Rivoluzione della tua routine quotidiana**: ogni essere umano è in costante mutamento. Ogni giorno, la nostra personalità e il nostro modo di leggere il mondo che ci circonda, si trasforma lentamente (e in maniera quasi impercettibile, nella maggior parte dei casi). Perché ti ostini a ingabbiare te stesso nella routine quotidiana che hai scelto di settare anni e anni fa? Sperimentare un approccio differente, ti permetterà di trovare un via *smart* con raggiungere i tuoi obiettivi in maniera meno faticosa;

- **Imparare**: la conoscenza è potere, non dimenticarlo mai! Non c'è comprensione senza prima aver testato sulla tua pelle il senso di un percorso di miglioramento. *Non basta leggere questo manuale: agisci subito!*

Mentalità statica vs Mentalità dinamica: come trovare il giusto equilibrio?

Avrai sicuramente avuto modo di incontrare nel corso della tua vita, una vasta gamma di personalità iperattive, veri e propri vulcani in fatto di idee e di progetti per il futuro. Questi soggetti sono sempre pronti a tuffarsi in nuove avventure, che si tratti di un viaggio, di un trasferimento o di uno stravolgimento lavorativo. Sembra quasi che l'abitudine sia per loro un vincolo davvero insopportabile, incapace di tenere conto della vitalità e della voglia di sperimentare che queste persone si portano dietro. Di contro, dall'altro verso della medaglia, troviamo dei caratteri più statici e fissati alle proprie radici. I due mindset che vogliamo presentarti in questo specifico paragrafo sono forse tra i più noti e semplici da individuare: gli inglesi parlano, a tal proposito, di Fixed and Growth (letteralmente, *"fermo" e "in crescita"*). Se hai compreso il messaggio che si cela nel capitolo che stai leggendo, avrai anche capito che *due* sono i possibili approcci a un certo aspetto *x* della propria vita:

- Il primo è più aperto, tollerante, vitale, energico e propenso alle sfide del futuro. La collaborazione e la capacità di *pensare out of the box* – ovvero, fuori dai canonici schemi mentali – sono i fattori di spicco di tale tipo di carattere individuale, sempre pronto ad affrontare l'esistenza di petto;

- D'altro canto, è possibile individuare anche identità personologiche che riescono a essere più statiche e diffidenti. Gli individui che appartengono alla seconda sottocategoria, infatti, tendono a creare dei muri difensivi dietro cui nascondersi, senza per questo affrontare le proprie paure. Di mentalità più chiusa e riflessiva, questi ultimi tendono a preferire la sicurezza. Ricorda: la comfort zone richiede meno sforzi, ma questa scelta di comodo ha sempre un costo straordinariamente alto, se sei in grado di riconoscerlo al di là della bolla impenetrabile in cui scegli di vivere.

Ebbene, non è nostro compito convincerti ad adottare una delle due possibilità esistenziali: l'obiettivo che ci siamo prefissati è quello di renderti consapevole della direzione che la tua vita ha intrapreso, spesso senza nemmeno che tu possa rendertene conto. Il Mindset non è statico: l'essere umano non nasce con un settaggio psicologico a priori, ma lo costruisce a partire da quelle che sono le esperienze di vita che per lui assumono un significato rilevante. *Come vedi, dinamismo e staticità sono scelte: anche tu puoi decidere da che parte stare. Preferire la comodità o cercare di creare una strada inedita che possa aiutarti a raggiungere gli obiettivi prefissati? Quando conviene arrestarsi, e quando tornare a camminare lungo la via che abbiamo scelto di intraprendere?* Capisci bene che sono molte le variabili che possono determinare il tuo mindset: impossibile conoscerle tutte senza uno studio consapevole del modo in cui il nostro cervello si comporta a seconda della situazione in cui siamo calati. Per questo motivo, vogliamo lasciarti con un insieme di domande e/o spunti di riflessione che potranno aiutarti a muovere i primi passi in direzione della consapevolezza di cui hai bisogno:

- A quale dei due settaggi mentali pensi di appartenere? Sei un individuo dinamico e aperto – amante del rischio – oppure preferisci accumulare e fermarti, mettere radici e apprezzare le tue routine quotidiane?

- Pensi che la tendenza che prevale in te sia coerente in tutti gli aspetti della tua vita (affettivo, professionale, formativo, familiare, economico e così via) oppure sia prerogativa soltanto di alcuni fattori specifici? In altre parole, se senti di agire nei panni di una persona attiva e propositiva, pensi di esserlo sia nell'ambito lavorativo che emotivo? O, in caso contrario, non fai fatica a gettarti in nuove avventure, purché ci siano accanto a te affetti stabili (e viceversa)?

Scopriremo assieme che il settaggio mentale è un continuo alternarsi di elementi personali e soggettivi: se ci pensi bene, si tratta di un vero e proprio DNA psicologico determinato dalle esperienze più importanti della tua vita. Per questo motivo, è necessario rispondere a una domanda che pensiamo debba essere collocata alla base del nostro viaggio conoscitivo: *perché le persone sono diverse?*

Capitolo 2 – Perché le persone sono diverse?

La risposta a questa domanda non è affatto banale: inutile ricordarti che la psicologia moderna si pone come obiettivo proprio lo studio delle modalità con cui l'essere umano si relaziona con il proprio Sé[2]. Quando parliamo di *self-image*, facciamo riferimento alla raffigurazione soggettiva di ciò che pensiamo di essere: giudichiamo noi stessi sia in relazione alle esperienze personali che abbiamo vissuto in prima persona (e di cui abbiamo ricordo), sia in relazione ai legami che abbiamo stretto con persone che appartengono alla realtà che ci circonda (e che ci hanno influenzato o suggestionato in merito a una caratteristica che ci appartiene, ad esempio.)

---

[2] Il Sé è il modo in cui il soggetto appare a se stesso, riconoscendosi allo specchio, usando la parola "Io" in una frase, avendo consapevolezza del proprio corpo, delle proprie emozioni e/o pensieri ecc.

Capisci bene che il nostro *"Io"* è in costante mutamento:
eppure, proprio dalla raffigurazione che abbiamo di noi stessi
dipendono gran parte delle nostre abitudini e del nostro
approccio all'esistenza. Hai mai prestato attenzione al fatto
che individui con circostanze di vita simili, siano riusciti ad
ottenere nel tempo risultati molto diversi? Perché, ti
chiederai? Ebbene, la risposta è insita nel concetto stesso di
mindset: *se il settaggio psicologico è differente, lo saranno
anche i traguardi che ogni persona riuscirà a tagliare nel
corso del proprio percorso di crescita.* Una mentalità positiva
riuscirà a far fronte ai contrattempi e alle sfide della
quotidianità, senza perdere di vista gli obiettivi che
rimangono in fondo al tunnel; un soggetto con tendenze
statiche e auto-commiserative si perderà nel buio della
galleria, senza riuscire a vedere la luce che brilla al di là
dell'oscurità. Ancora una volta: sta a te scegliere da che parte
stare! Se le tue convinzioni di base non riescono a supportarti
nella maniera corretta, probabilmente è giunto il momento di

fare ordine nel tuo background, diventare consapevole dei problemi più rilevanti della tua esistenza e cercare di trovar loro una sistemazione che non sia più un ostacolo, ma un punto di partenza da cui spiccare il volo!

- **Il mindset è molto più di un semplice *"io credo che"*:** non stiamo facendo riferimento a giudizi soggettivi in merito a un certo fenomeno interno o esterno alla tua persona. Non vogliamo trasmettere un messaggio sbagliato: il settaggio psicologico è la cornice del quadro in cui agisci, sia con te stesso sia con gli individui che ti circondano. Di conseguenza, una certa mentalità sarà in grado di spostare la tua attenzione su dati spunti rilevanti, filtrando ciò che davvero ha valore (e viceversa). *Sei davvero disposto a trascurare il modo in cui ti approcci al mondo esterno, finendo per perdere di vista l'essenziale?*

- **Le esperienze di vita sono alla base di una mentalità di successo:** tra i fattori che determinano un dato mindset, è importante ricordare il tuo background, ovvero ciò che ti ha portato a essere l'individuo che sei nel momento in cui stringi tra le mani le pagine di questo libro. Quali sono state le influenze? In che modo hai affrontato le difficoltà connesse alla crescita nel corso della tua infanzia, della tua giovinezza e della tua adolescenza? Quali sono stati i tuoi guru, i punti di riferimento più importanti durante la tua maturità? Sappiamo bene cosa stai pensando: *"In che modo il mio passato può essere tanto determinante rispetto a ciò che sono diventato nel momento presente?"* Ebbene, non c'è uomo senza storia, non c'è mindset senza un'influenza che ti ha portato a leggere la realtà in un dato modo.

- **Le credenze si trasformano:** fin da piccolo, la fantasia diventa il mezzo migliore mediante cui accedere alla realtà. *Il mondo di giochi* che ogni bambino crea durante la sua infanzia, viene lentamente modificato dalla consapevolezza di dover seguire delle regole, ragionare con raziocinio e apprendere le basi di un comportamento rispettoso e socialmente accettabile. Capisci bene che le informazioni che il piccolo ha a disposizione, iniziano ad essere incorporate nell'immagine del Sé, e modellano le convinzioni sul mondo e sul ruolo che ogni essere umano occupa al suo interno. La crescita graduale, infine, potrà sovvertire molti ideali, riuscirà a farti tornare sui tuoi passi, e ti porterà infine a cambiare mentalità. Un esempio? Se sei circondato da persone (familiari, professori, amici) molto ansiosi e perennemente vittime di un alto livello di stress emotivo, molto probabilmente anche tu inizierai a sviluppare lo stesso grado di angoscia e timore nei confronti della vita e delle sue manifestazioni. Si tratta di un processo normale, in cui il passato gioca un ruolo chiave.

Il processo che abbiamo descritto passa sotto il nome di *identificazione*[3]. In psicologia – a partire dagli studi condotti dal padre della psicoanalisi, il famoso medico viennese Sigmund Freud – è stato chiarito il modo in cui il bambino assorbe gli stimoli esterni e diventa la copia del mindset prevalente della sua famiglia e/o cerchia sociale. In ogni caso, non temere: l'essere umano è in grado di crescere, di maturare e di fortificarsi, in modo tale da debellare le paure e le incertezze che provengono da un background eventualmente sfavorevole. Ogni individuo ha dalla sua parte

---

[3] L'identificazione è un processo mediante cui il soggetto assorbe un certo numero di tratti personologici e caratteriali (il modo di parlare, di pensare, di comportarsi o di reagire di fronte a una situazione x), costituendo il proprio carattere come copia di quello di un altro individuo.

tutte le potenzialità per diventare la versione migliore di se stesso: basta semplicemente conoscere gli strumenti che si hanno a disposizione per tagliare i traguardi tanto agognati. Di conseguenza, il settaggio psicologico è differente, unico ed inimitabile! Esso è infatti composto da:

- **Variabili interne:** componente genetica, esistenziale, emozionale;

- **Variabili esterne:** l'ambiente in cui il soggetto cresce, gli ostacoli e i traumi della propria vita.

Cosa dice la scienza sul settaggio mentale?

La scienza ha fatto molteplici passi in avanti: le ricerche in merito al settaggio mentale – che si basano tanto sulla teoria quanto sulla clinica – non fanno più riferimento agli studi condotti nella prima decade del Novecento. Abbiamo a nostra disposizione una vasta gamma di conoscenze e di competenze che possono aiutarci a rispondere alla domanda: *"Come si costruisce un mindset? In che modo esso può essere unico ed inimitabile?"* Chiederemo consiglio alle neuroscienze: stiamo parlando della branca di ricerca che *"esamina la biografia del sistema nervoso con la biologia molecolare, la genetica, la biochimica delle proteine e le di metodologie relative"*[4]. In altre parole, facciamo riferimento a ciò che avviene sul piano neurale (ovvero molecolare) nel nostro cervello.

---

[4] Citazione presa da: https://it.wikipedia.org/wiki/Neuroscienze
Riferimento bibliografico: Gazzaniga M.S., Ivry R.B., Mangun G.R. *Neuroscienze cognitive*. Bologna: Zanichelli, 2005.

Risultati recenti hanno messo in luce un concetto davvero interessante: il nostro sistema nervoso è portato quotidianamente a modificare e a cancellare interi complessi di reti neurali. Questi ultimi, inoltre, sono deputati alla definizione di modelli di comportamento che spingono la mente a prendere una data decisione, a reagire in un certo modo, o ancora a giudicare un fenomeno della realtà esterna secondo un parametro a noi congeniale.

Cosa significa questo, in altre parole? Il senso ultimo (e semplificato) delle posizioni neuroscientifiche ha lo scopo di dimostrare che la nostra mente *(ovvero l'elemento che ci permette di dire "Io")* è in costante mutamento: non c'è istante della nostra vita in cui le informazioni che collezioniamo a partire dal mondo esterno, non diventino motivo di stravolgimenti e di rivoluzioni. *La nostra immagine, la self-image, è dinamica e cangiante:* milioni di variabili al giorno, centinaia di milioni in un solo mese, permettono di renderci individui unici ed inimitabili. Siamo influenzati da programmi televisivi differenti, siamo colpiti

dalle persone che incontriamo al supermercato a seconda del

fatto che queste ci ricordino o meno un individuo a noi caro

(e viceversa), amiamo un certo genere musicale e leggiamo

solo riviste nel settore della filosofia, dell'arte o dei

videogiochi. Inutile dire che scorriamo i post presenti sulla

bacheca Facebook - ed esprimiamo le nostre preferenze - a

seconda di chi e cosa ci appartiene, siamo suggestionati dal

nostro lavoro e impieghiamo il nostro tempo libero in un dato

modo. *Mentre portiamo a termine le attività quotidiane, il*

nostro cervello si prende la briga di immagazzinare tutti gli

elementi che – a partire dal nostro settaggio psicologico –

sembrano essere più utili e influenti. Di conseguenza,

abbiamo appena trovato una risposta scientifica alla

domanda con la quale abbiamo aperto il nostro terzo

capitolo:

"Perché siamo tutti diversi?"

In breve, ci sentiamo di chiederti:

"Come potremmo non esserlo?"

Il vincolo della ripetizione: quando e come sfruttarlo a nostro vantaggio?

Prima di tornare all'analisi delle due forme di mentalità più famose – quella dinamica e quella statica – dobbiamo compiere un ulteriore passo in avanti. Ti abbiamo già illustrato in che modo il mindset possa svolgere una duplice funzione: esso è in grado di sostenerti e di agevolarti nel riconoscimento delle nuove opportunità che la realtà ti mette dinanzi, oppure può essere un'àncora che – tirandoti sul fondo – ti impedisce di guardare in superficie la bellezza della vita che hai a disposizione. Inoltre, non ci stancheremo mai di ripeterti che sta a te scegliere: se sei un essere umano dotato di raziocinio, potrai sempre decidere di rivoluzionare radicalmente una chiave di lettura che ti consente di gioire appieno di quello che possiedi e/o sei (piuttosto che di lamentarti e di farti sentire insoddisfatto). *Insomma, quello che stiamo cercando di dirti è che – se rimani intrappolato in un settaggio psicologico negativo e limitante - sarà proprio il mindset stesso a rendere la tua vita vuota e insoddisfacente.* Ora, la vera domanda è: come lavorare affinché un nuovo proposito possa sostituirsi all'abitudine precedente, riuscendo finalmente a migliorare il tuo *lifestyle*?

Mettiamo il caso che tu sia perennemente in lotta contro una caratteristica x della tua personalità (prendiamo ad esempio la pigrizia). Non riesci ad alzarti dal letto, e – al mattino – impieghi ore preziose nel solo tentativo di procrastinare migliaia di annoianti sveglie. Il risultato? Lasci che il prezioso tempo che hai a disposizione si riduca a un briciolo di minuti da dedicare a te stesso, alla tua colazione e magari a una bella doccia ristoratrice. Insomma, i secondi scorrono, le lancette dell'orologio ti mettono in agitazione ed esci sempre di casa, per recarti in ufficio, con l'impressione che una valanga di stress stia per franarti addosso da un momento all'altro.

Parliamoci chiaro, traffico e difficoltà di parcheggio non aiutano, giusto? Ora, se scegli di mettere in pratica le tue convinzioni *("desidero alzarmi presto al mattino, in modo tale da dedicare tempo a me stesso per leggere, meditare, ascoltare buona musica ecc.")* è necessario che la tendenza a procrastinare venga sostituita da un nuovo settaggio mentale. Il motivo? Se sei vittima inconsapevole di una mentalità negativa, è più probabile che il cervello continui a leggere la realtà in modo lamentoso e auto-difensivo. Se, invece, scegli di farti carico di un settaggio psicologico positivo, ecco che le tue credenze tenderanno ad allinearsi con il mindset prevalente.

Ti chiederai: *"In che modo posso finalmente liberarmi delle caratteristiche negative x e y, per arrivare al giusto grado di consapevolezza e progettualità?"* Vogliamo svelarti un segreto: non basta chiudere le pagine di questo libro, fare un bel respiro profondo e pensare di poter cambiare le routine dannose che ti appartengono da lunghi anni. *Devi lavorare sodo, e devi farlo subito!* Sia le abitudini utili sia quelle errate vengono create seguendo uno stesso concetto cardine: *la ripetizione.* Inoltre, le neuroscienze ci consentono di fare un ulteriore passo in avanti: se siamo in grado di associare un sentimento di benessere a un'azione positiva, ecco che saremo inconsciamente portati a ripetere quest'ultima nel corso del tempo. Tutti noi desideriamo essere felici, produttivi, socialmente apprezzati e altamente professionali sul posto di lavoro; da studenti non amiamo essere vittime dell'ansia da *"non ho fatto i compiti, speriamo che il professore non mi interroghi";* da adulti diventa importante non sentirci soffocati sotto il peso delle responsabilità, del lavoro o della famiglia. Vorremmo che tutto procedesse al meglio, ma è come se le nostre abitudini negative ci impedissero di essere concentrati e consapevoli in merito a quanto risulta essere realmente essenziale. Ebbene, vigliamo proporti un esempio che ti aiuterà a capire – step-by-step –

in che modo uscire dall'annoso circolo vizioso del mindset statico.

Immaginiamo che tu sia amante del buon cibo: essendo goloso e assolutamente istintivo, non puoi fare a meno di mangiare qualsiasi piatto ti venga portato in tavola. Molto spesso, sei solito divorare più del necessario proprio quando il nervosismo fa da padrone e ti rendi conto di dover trovare una valvola di sfogo allo stress giornaliero. Qual è il rischio che si corre? Associare l'emozione positiva *"mi sento meno irritato/angosciato"* al cibo, permette di collegare al concetto di alimentazione malsana a una soddisfazione che si esprime sul piano psicologico (ovvero, maggiore tranquillità). Eppure, capisci bene quanto sia errato pensare di poter risolvere le proprie carenze affettive, professionali o scolastiche mangiando più di quanto sia consigliato dagli esperti nutrizionisti. Mettitelo bene in testa: *il mindset - che si cela dietro al concetto di ripetizione - tende a stabilire una correlazione tra azione e sentimento, rendendo quest'ultima stabile e duratura nella nostra mente.* Insomma, più ripeti

un gesto dannoso per te e per gli obiettivi che ti sei prefissato,

maggiori saranno le possibilità che il tuo cervello *si fissi su*

quella data abitudine, trasformandoti in una persona

incapace di migliorare. Di contro, man mano riuscirai ad

adottare un settaggio psicologico positivo, ecco che la routine

quotidiana inizierà a trasformarti in un individuo soddisfatto

e appagato di ciò che lo circonda. *La regola aurea è solo una:*

la ripetizione!

Capitolo 3 – Mentalità di crescita (Growth Mindset) e mentalità statica (Fixed Mindset)

Abbiamo scelto di dedicare un capitolo intero a due categorie di settaggio mentale dal momento che pensiamo siano alla base di qualsiasi percorso di crescita e di successo. Nel corso delle pagine precedenti, abbiamo iniziato ad introdurre le differenze che intercorrono tra ambo gli approcci alla vita. Ora che hai le competenze necessarie per comprendere meglio l'essenza dei mindset in questione, non possiamo fare a meno di approfondire a 360 gradi le loro molteplici sfaccettature. Una delle differenze che devi assolutamente conoscere è la seguente:

- La mentalità di crescita si concentra sul percorso da compiere per arrivare a tagliare i tuoi traguardi;

- La mentalità fissa si pone un obiettivo, dedicando tutte le tue energie al raggiungimento – nel modo più veloce possibile – del *goal* previsto.

Apparentemente, entrambi i processi di miglioramento sembrano essere convenienti e positivi. Eppure, se ci rifletti con la dovuta attenzione, ti renderai conto di un fatto curioso: lo sviluppo (Growth Mindset) punta ad aumentare la tua consapevolezza in quanto persona, al di là dei fallimenti e delle vittorie che tutti noi collezioniamo nel corso della vita. Di contro, chi sceglie di impiegare un Fixed Mindset ritiene che la propria personalità e la propria essenza siano definite esclusivamente dal risultato finale. Rifletti per un istante: pensi di poter limitarti ad *essere* un obiettivo (ad esempio: "voglio ottenere una promozione al lavoro prima della fine dell'anno), oppure ritieni che sia meglio *raggiungere (avere)* un obiettivo, focalizzandoti sull'energia e sull'impegno profusi? Capisci bene che i traguardi che tagli nel corso della tua intera esistenza sono molteplici, ma le skill personali che apprendi nel mezzo del lungo processo di sviluppo e di crescita possono sempre essere riutilizzate per ottenere risultati più importanti per te e per le persone che ti circondano.

Prova a chiudere per un istante gli occhi e rispondi a questa domanda: *"Quali erano le tue aspirazioni da bambino?*

Volevi essere un dottore o un avvocato? Un astronauta oppure un attore di teatro? In che modo sono cambiati i tuoi sogni infantili? Hai perseguito gli obiettivi della tua adolescenza oppure hai scelto di intraprendere strade differenti?" Molto probabilmente – almeno che tu non sia mosso da una profonda vocazione – avrai scoperto attività e settori lavorativi in grado di affascinarti e di soddisfarti maggiormente. Sai cosa significa tutto questo? Sei semplicemente cresciuto, ovvero hai saputo applicare un mindset evolutivo e dinamico. Inutile fossilizzarti su un obiettivo (magari irraggiungibile o eccessivamente stressante, le cui tempistiche non rispettano la tua predisposizione psicologica). *In quanto essere umano, hai la possibilità di scegliere chi essere, proprio nel momento in cui desideri realizzarti come pizzaiolo piuttosto che come calciatore di Serie A!* Mettiti per un solo istante nei panni di un maratoneta: non è il traguardo a rappresentare il fine ultimo della tua impresa, ma il processo che sta nel mezzo (migliaia di passi, di allenamenti, di aspettative e di sogni che ti hanno spinto a correre la tua gara). La vita non è poi così diversa da quella che abbiamo voluto descrivere con questa semplice metafora. Molto spesso pensiamo di aver fallito solo perché siamo incapaci di comprendere gli aspetti positivi che stanno al di là del mero *goal: impara a guardare in più in profondità, scoprirai che l'essenziale non è sempre visibile!*

Speriamo tu abbia avuto modo di intuire in maniera più dettagliata la base su cui poggia un certo tipo di mindset. In ogni caso, gli esempi non sono di certo finiti qui: il settaggio mentale dà vita a una serie di caratteristiche personali che possono essere facilmente riconosciute, comprese e (all'occorrenza) modificate. *Qualche esempio?*

- Persone determinate da un settaggio mentale statico sono propense alla definizione degli obbiettivi che hanno saputo raggiungere nel passato: *"ho ottenuto un Laurea in Giurisprudenza, conseguendo il massimo dei voti", "ho imparato a cucinare la ricetta di una lasagna davvero deliziosa" oppure "sono riuscito a trovare un lavoro nonostante fossi impedito dalla difficoltà x o y"* sono classici tentativi impiegati dal cervello per auto-compiacere un soggetto mosso da un Fixed Mindset. L'occupazione principale di questi individui sta nella ricerca e nell'analisi minuziosa dei risultati ottenuti (meglio se eccellenti e/o superiori a quelli raggiunti da un eventuale interlocutore/gruppo sociale).

- D'altro canto, le persone dotate di un Growth Mindset sono più attive e soddisfatte nel momento in cui hanno a disposizione informazioni utili al miglioramento delle proprie performance. Stiamo parlando di individui rivolti alle sfide del futuro: costoro sono sempre alla ricerca di aggiornamenti e di novità che possano favorire un'attività professionale, formativa, affettiva e così via. Strateghi nati, costoro non possono fare a meno di *cogliere la palla al balzo,* cercando un modo di aumentare talento e abilità.

Capisci bene che, se da un lato risulta essere prevalente una sopravvalutazione del passato *("Sono riuscito ad ottenere il risultato x"),* dall'altro si cerca di comprendere le migliori strategie di crescita in un'ottica rivolta al futuro e ai progetti di vita personali *("Come posso riuscire a dare provare delle mie capacità la prossima volta?")* Non siamo qui per dirti che la Fixed Mindset non produrrà risultati: non è nostro compito esprimere un giudizio in merito al settaggio psicologico con cui sei solito affrontare le sfide della tua quotidianità. Vogliamo semplicemente renderti consapevole del fatto che – con il passare del tempo – gli individui che impiegheranno un settaggio mentre dinamico tenderanno a spiccare il volo, riuscendo finalmente a superare i propri

ostacoli personali. *La realizzazione sta alla base di una vita*

di successo, non dimenticarlo mai!

Un altro punto da non sottovalutare riguarda la *self-image*

del soggetto dotato di Fixed Mindset: se costui non ha nulla

da imparare, finirà per sopravvalutare le sue capacità,

sentendosi perfetto. Ma è proprio così? Non è forse vero che

la natura dell'essere umano è quella di continuare a crescere e

a sviluppare le proprie competenze, spingendosi lì dove altri

non sono ancorati arrivati? Possiamo davvero sentirci

realizzati a causa di un titolo di studio, di un impiego

professionale o di un'abilità che siamo riusciti a sviluppare

nel corso del tempo? *Non sarebbe meglio continuare a*

viaggiare con la mente, cercando di porci stimoli, sfide,

suggestioni e pensieri propositivi e progettuali? Il segreto sta

nel non aver paura del fallimento: non sarà uno *scivolone* di

troppo a renderci inetti o impediti agli occhi nostri e degli

altri; lo sarà, d'altro canto, il timore di metterci in gioco e di costruire un futuro che sia a nostra immagine e somiglianza, così come lo abbiamo sognato (e – perché no - anche migliore!)

L'impostazione di un mindset di successo: Tu come CEO, come AD, Amministratore della tua vita

Non c'è crescita senza perseveranza. Molto spesso ci sentiamo spettatori passivi della nostra vita: osserviamo la realtà scorrere di fronte a noi come se fossimo incapaci di agire attivamente su di essa. Con il passare del tempo, iniziamo ad assumere una mentalità dipendente e passiva. Non riusciamo ad essere propositivi e il mondo esterno ci appare come un insieme di opportunità che noi *non* vogliamo cogliere. Il motivo? Abbiamo paura di fallire. Se ci pensi bene, la stessa condizione è quella che lavorativamente e professionalmente viene espressa dalla figura del CEO (Chief Executive Officer), ovvero dall'amministratore delegato di un'azienda. Un esperto in grado di assumere sulle sue spalle le decisioni societarie di maggior rilievo, diventando presidente di un comitato o dirigendo le sorti di una realtà imprenditoriale lì dove egli è consapevole di poter fare il bene dei suoi dipendenti (e non solo). Insomma, un individuo che sceglie liberamente, che influenza e che suggestiona con le sue idee la realtà in cui opera. Rifletti per un istante: quali sono a tuo avviso le peculiarità di un soggetto di tal genere? In altre parole, *come diventare il CEO della tua vita?*

Per rispondere a questa domanda, ti vogliamo guidare step-by-step sfruttando a tuo vantaggio qualche interessante spunto di riflessione, preso direttamente dalla nostra esperienza e da quella dei nostri studenti:

- Leadership;

- Capacità di anticipare le tendenze;

- Mancanza di timore nel fallimento: gli *"scivoloni"* servono per procedere meglio e più speditamente in futuro;

- Razionalità;

- Capacità di prendere decisioni gestionali, ovvero quelle in cui il proprio team di lavoro diventa la vera chiave del successo imprenditoriale;

- Autostima: è fondamentale mettere a tacere le *vocine* che spesso ronzano nella testa delle persone più insicure, eliminando così l'influenza negativa delle critiche manipolative;

- Apprendimento e sperimentazione: pensare *out of the box* è una caratteristica tipica del modello di settaggio mentale dinamico ed evolutivo;

- Focus: non sono i dettagli ad avere la meglio sulla *big picture* - ovvero sul piano generale, sull'obiettivo a lungo termine – ma è la capacità di continuare ad avanzare nonostante i fallimenti.

Ti sei mai interrogato sull'importanza di queste caratteristiche personologiche? Oppure pensi che essere un amministratore della tua vita sia un compito troppo arduo, che non vale la pena di portare a compimento? Ebbene, noi non possiamo che consigliarti di iniziare a seguire i modelli comportamentali delle persone che ti circondano (e che tu stimi maggiormente). Potrebbe trattarsi di un amico, di un personaggio televisivo o di un imprenditore che ha fatto la storia della nostra contemporaneità: non importa! Se percepisci che attorno a te ci sono soggetti dotati di carisma, *charme* e magnetismo personale, è giunto il momento di chiederti: *"Cos'hanno loro – che io non ho - di tanto rilevante per il raggiungimento dei propri obiettivi? Perché alcuni ce la fanno, e io non sono in grado di tagliare i traguardi stabiliti?"*

Il CEO è la figura che – più di tutte – rischia! La sua tenacia

permette di dare vita a una mentalità di crescita in cui, i

fallimenti stessi, sono parte di un sistema di successo più

grande ed inclusivo. Via dalla testa la malsana idea secondo

cui chi cade una volta, debba rimanere in ginocchio. Nessuno

di noi può avere un tasso di vittoria del 100%: spesso siamo

incapaci di gestire le sfide della nostra quotidianità e altre

volte - alcuni fattori provenienti dal mondo esterno - ci

impediscono e ci rallentano. Eppure, è la ricerca di una

soluzione che permette di superare il baratro del fallimento,

gioendo finalmente per quello che siamo riusciti a

conquistare. Sai cosa può davvero fare la differenza? Il

mindset! Ancora una volta, se l'85% degli individui che ti

circonda (e magari anche dei tuoi competitors aziendali)

decide di arrestarsi di fronte al muro della prima difficoltà,

non devi fare altro che distinguerti dalla massa adottando un

comportamento da vero CEO della tua vita. Se

quotidianamente affronti la giornata al massimo delle tue

potenzialità, se non lasci che il primo ostacolo finisca per

ingenerare un dispendio inutile di tempo e di energie, ecco

che potrai finalmente giungere lì dove gli altri sognano solo di

poter arrivare. Di cosa hai bisogno? L'abbiamo sintetizzato

nel l'elenco qui in basso:

- **Conoscenze**: qualsiasi sia il percorso che decidi di

  intraprendere, mettiti bene in testa che i risultati sono

  determinati in larga misura dall'apprendimento di

  skills utili nel tuo settore. Le competenze sono le radici

  del successo: migliorare e cambiare è possibile solo se

  si hanno a disposizione tutte le informazioni per

  intraprendere una nuova via (professionale o

  affettiva). Leggi, scarica articoli, audiolibri, podcast e

  riviste di settore. Appassionati a documentari, film e

  romanzi. Lascia che la tua mente possa elaborare tutte

le notizie di cui hai bisogno per sviluppare spirito critico e impegno sociale.

- **Challenges**: le sfide sono il fulcro del Growth Mindset. Se sarai in grado di cogliere le opportunità di crescita insite nella realtà che ti circonda, allora potrai finalmente renderti conto di quante porte aspettano solo di essere aperte. Tu, anche se non lo sai, hai la chiave per girare le serrature del tuo successo!

- **Impegno costante e (tanta) fatica:** non staremo qui a ricordarti che Roma non è stata costruita in un giorno. Eppure, molto spesso ci arrestiamo alla mediocrità della condizione presente senza ricordarci che tutti i nostri esempi (imprenditori o CEO di successo) sono magari partiti da uno scantinato, per poi gestire multinazionali super-quotate sul mercato. Non vogliamo limitarci a parlare di un aspetto puramente economico: il nostro discorso vale anche sul piano affettivo e formativo (un titolo di studio universitario, ad esempio, è l'emblema dello sforzo che viene ripagato con la conquista delle proprie vette educative). *Accorcia le maniche e mettiti in gioco: non hai nulla da perdere!*

- **Opinioni, qualche critica e una buona dose di feedback onesti:** non essere sordo rispetto ai consigli che ti vengono dati da sconosciuti, colleghi in ufficio, familiari o amici. Insomma, una visione *"dall'esterno"* permette di aprire nuovi scenari difficili da riconoscere quando si è troppo immersi in un dato progetto personale di vita. Lascia che gli altri possano interagire con te e con i tuoi traguardi: spesso il sostegno (così come le critiche costruttive) sono alla base di un'autostima forte e salda. *Non tirarti indietro!*

- **Ostacoli, muri e porte in faccia:** immagina di essere a bordo della macchina dei tuoi sogni. Una Maserati? Una Ferrari rosso sgargiante? Ebbene, pensi di non dover rallentare prima o poi? Di non dover affrontare una curva pigiando il freno e cercando di mantenere la vettura sulla pista? Oppure credi che un mezzo di trasporto tanto eccellente non debba seguire le comuni regole del Codice della Strada? Cerca di spostare il semplice paragone in questione sulla tua vita e sui progetti che stai facendo in questo periodo. Capirai che non sempre gli strumenti che hai a disposizione – per quanto perfetti – sono sufficienti per dare il massimo. Alle volte basta frenare, rallentare –godendoti meglio il panorama – o magari fare benzina. *Tornerai in strada più carico e scattante di prima!*

Capitolo 4 – Il Mindset e le relazioni sociali

Abbiamo già parlato dell'importanza di un Mindset imprenditoriale. Eppure, non dobbiamo mai dimenticare che l'essere umano è un animale razionale e che, in quanto tale, ha bisogno di coltivare delle relazioni sociali appaganti e capaci di determinarlo nella comunità in cui vive e agisce. Cosa significa questo, in altre parole? In che modo applicare i concetti più rilevanti del settaggio psicologico al mondo affettivo e interpersonale? Per spiegartelo nel dettaglio, abbiamo scelto di aprire una breve panoramica informativa in merito ai *must-know* che non possono mancare nella tua lista personologica per diventare CEO di te stesso (anche in famiglia, in una relazione intima o nell'ambito del tuo gruppo di amici).

Come creare delle relazioni efficaci?

Sarai d'accordo con noi nell'affermare che sia impossibile vivere senza un insieme di relazioni appaganti e capaci di trasmettere le nostre intenzioni, i nostri interessi e le nostre emozioni. Insomma, quali sono le correlazioni che intercorrono tra il nostro settaggio psicologico – ovvero la predisposizione mentale con cui approcciamo agli altri – e la facoltà di *piacere*? Non ci riferiamo alla conquista sentimentale, ma a quella particolare proprietà di alcuni individui capaci di esercitare una forte carica persuasiva sugli interlocutori. Magnetici, eleganti, raffinati ed equilibrati, costoro sono in grado di gestire a proprio vantaggio autostima e leadership. Potresti contraddirci così: *"Beh, ho conosciuto poche persone come quelle che voi descrivete. Molto probabilmente, si tratta di fortunati che sono nati con alcune predisposizioni che noi comuni mortali non possiamo avere!"* Ricordi cosa ti abbiamo suggerito all'inizio del nostro viaggio alla scoperta dei vari tipi di Mindset? Il successo non è mai una questione di sorte favorevole: chi vuole ottenere risultati considerevoli nel corso della propria esistenza, deve imparare a scendere a patti con la difficoltà che la vita – molto spesso – pone dinanzi a ciascuno di noi.

Di conseguenza, in che modo creare delle relazioni che siano efficaci, stabili e soprattutto in grado di soddisfare te stesso e i tuoi interlocutori? Abbiamo raccolto per te una lista di stratagemmi *smart* con cui riuscire nell'intento:

- **Chiedi**: porre le domande giuste alle persone che hai di fronte ti permette di entrare in empatia con loro e di dimostrare la tua voglia di metterti in gioco (Growth Mindset). Non c'è successo senza una buona dose di curiosità e di umiltà: cerca di comprendere chi ti sta davanti, valorizzalo e sfrutta a tuo vantaggio il mondo soggettivo che l'altro sta mettendo a tua disposizione. *Potresti imparare qualcosa di utile!*

- **Racconta te stesso:** ogni buon ascoltatore è anche un sapiente narratore. Non dirci: *"Ma io non ho nulla da condividere!"* Ti stai nascondendo dietro un muro di asocialità e di egoismo: ricorda sempre che le persone non si fidano di te, se tu prima non sei predisposto a fidarti di loro. Esprimi te stesso ed esponiti ogni qual volta pensi di poter apportare un *quid* innovativo alla discussione altrui.

- **Non avere aspettative sul modo di essere/fare altrui:** non pretendere di comprendere i tuoi interlocutori al 100%. Molto spesso, le persone non sono libri aperti neppure per se stessi. Lascia che amici, partner e familiari possano trovare la propria strada senza condizionamenti e non aver paura del cambiamento.

- **Non ti arrestare alla paura del rifiuto:** facciamo riferimento a una peculiarità caratteriale tipica degli adolescenti che vogliono sentirsi obbligatoriamente parte di un gruppo. Ebbene, non c'è scusa che regga: sebbene la maggior parte di noi soffra profondamente il timore del rigetto sociale, è anche vero che l'unico passo in avanti che possiamo compiere è l'accettazione. Se le cose dovessero mettersi male, non abbiamo nulla da recriminare a noi stessi: non possiamo piacere a tutti *(e forse è meglio così, non è vero?)*

- **Goditi le persone che ti circondano:** la mentalità vincente (Growth Mindset) comprende bene che ogni momento è in balia del flusso degli eventi. *Tutto scorre,* dicevano i greci (e noi non possiamo che essere d'accordo con loro). Inutile cercare di protrarre i nostri vissuti all'infinito: le persone che amiamo fanno parte della nostra esistenza in gradi e in momenti differenti.

Ognuno di noi dovrebbe sentirsi libero di poter

cambiare (e di consentire agli altri di far lo stesso).

Noterai che il settaggio mentale dedito alla trasformazione

personologica (Growth Mindset) consente di fare passi in

avanti importantissimi, soprattutto se paragonato a quello

statico (Fixed Mindset). Insomma, anche sul piano delle

relazioni umane, vige la regola dell'apertura psicologica,

dell'accoglienza e della tolleranza. Creare delle routine

affettive in cui ingabbiare le persone che ci circondano, non fa

altro che complicare un bisogno insito nella nostra stessa

natura: *determinarci e sentirci liberi di essere – di giorno in*

giorno – la versione migliore di noi stessi.

Come mai alcune persone riescono ad ottenere facilmente dagli altri consenso, rispetto, approvazione e supporto?

Mindset e relazioni sociali sono due argomenti che possono dispiegarsi sotto molteplici accezioni di significato differenti. Abbiamo inizialmente parlato di magnetismo e di carisma, di leadership e di *charme*.

Cos'hanno a che vedere queste caratterizzazioni con il settaggio psicologico? In che modo svilupparle? Abbiamo scelto di rispondere a queste domande mediante una serie di riflessioni/esercizi/pillole di saggezza che pensiamo possano essere utili per aiutarti a entrare nel giusto *mood* personologico: *ecco cosa sapere.*

- **Il rispetto procede di pari passo con la competenza personale:** ti sarà certamente capitato di avere a che fare con un collega in ufficio particolarmente zelante, con un membro di una squadra sportiva prestante e sempre pronto a condividere i suoi meriti con gli altri, oppure con uno studente che – proprio come te – ha saputo distinguersi rispetto ai suoi compagni per le *skills* acquisite a scuola o in un'università. Non ci stancheremo mai di ripeterlo: il rispetto è settoriale,

ovvero legato inevitabilmente a ciò che possiamo
offrire alle persone che ci circondano. Molto spesso,
essere un punto di riferimento positivo è più che
sufficiente per spingere agli altri a reputarti un vero
master. Non cercare di forzare la stima e gli
apprezzamenti altrui: nel momento in cui farai passi in
avanti, vedrai che gli individui saranno portati
naturalmente a tenerti in maggiore considerazione;

- **L'autostima è la migliore arma per dimostrare
  di essere forte sul piano psicologico:** via dal tuo
  vocabolario personale la parola *"lamentela"*. Molto
  spesso, le persone sono alla ricerca di un soggetto che
  sia in grado di tirare su il morale anche nei momenti di
  sconforto generale. Distinguiti per positività,
  intelligenza ed empatia: ascolta gli altri ma non
  lasciare che la negatività dei tuoi interlocutori ricada
  sul tuo personale modo di essere e di comportarti.

Ognuno di noi ha un mindset differente, ma se il tuo è vincente, metti da parte chi cerca di trascinarti – come un'àncora – verso il fondo di un'esistenza mediocre e fosca.

- **Fai in modo che gli altri possano sentirsi considerati:** tutti noi desideriamo calcare i palchi più importanti della società. Molti sono alla ricerca di fama, altri di complimenti e quasi tutti di apprezzamenti in merito a ciò che si fa o che si è nel corso della quotidianità. Il noto psicologo e filosofo statunitense *William James*[5] ha definito il bisogno di riconoscimento come uno dei più importanti tra quelli che appartengono alla natura umana. Sia sul piano conscio che sul piano inconscio, infatti, siamo alla

---

[5] *"Il più profondo principio della natura umana è il disperato bisogno di essere apprezzati." – William James*

ricerca di una sincera approvazione. Vogliamo sentirci
importanti e desideriamo pensare che la società sia
fiera di avere in essa un membro della comunità
proprio come noi. Sai qual è la verità: non c'è arma
persuasiva migliore che non sia quella del compiacere
l'interlocutore che ti sta davanti. Sarai in grado di
direzionare la sua mente dove preferisci, lusingandolo
e manipolandolo a tuo piacimento (ma senza
esagerare, così da non correre il rischio di suonare
artificioso e falso).

- **Resilienza, sempre!** Hai mai sentito parlare di
  questo termine? In psicologia, la resilienza è un
  concetto capace di mettere in evidenza una *skill*
  fondamentale: quella di riuscire a far fronte agli eventi
  negativi della propria esistenza in maniera positiva e
  organizzata. Perseverare, spingere al di là dei limiti
  comunemente imposti dalla società le nostre azioni,

riuscire a risollevarci da condizioni avverse e apparentemente senza uscita è il modo migliore per dimostrare agli altri che siamo in grado di essere dei leader nati. Non solo il carisma è alla base di ogni personalità magnetica di successo, ma è anche capace di motivare e di appagare le persone che ti circondano. Hai superato ostacoli importanti nel corso della tua esistenza? Sei riuscito a conquistare le vette tanto agognate? Non c'è bisogno di trasmettere un messaggio esclusivista (del tipo *"solo io sono stato in grado di riuscirci"*) ma scegli di impegnarti affinché i tuoi interlocutori abbiano tutti gli strumenti psicologici per abbattere le proprie soggettive barriere. *Sarai amato e ringraziato per la tua condivisione!*

Come vedi, tutti gli aspetti che abbiamo messo in evidenza sul piano interpersonale partono da una sorta di connotazione mentale che sia aperta, socievole e tollerante nei confronti del diverso, di ciò che – a primo sguardo – non comprendiamo.

Non c'è evoluzione senza la voglia e la capacità di scardinare

le abitudini psicologiche che ti fossilizzano su ciò che sei nel

momento presente. Eppure, come ti abbiamo già detto,

mettere in pratica questa importante rivoluzione soggettiva

non è un compito adatto a tutti: tenacia e conoscenza sono

due ingredienti fondamentali che possono spingerti sulla

strada del cambiamento. Per questo motivo, vogliamo

lasciarti al prossimo paragrafo con un esercizio che potrai

mettere in pratica fin da subito; sappiamo cosa stai per

ribattere: *"Non ha nulla a che vedere con il magnetismo*

personale che voglio sviluppare in società!" Ebbene, siamo

qui per dimostrarti il contrario!

Un risveglio senza sveglia (esercizio base di ipnosi e crescita personale)

Non tutti sono a conoscenza di una verità importantissima: a partire dagli studi condotti dal padre della psicoanalisi all'inizio del Novecento – il geniale medico viennese Sigmund Freud – la nostra coscienza ha finalmente lasciato posto all'indagine di un mondo apparentemente inaccessibile ed inesplorato, l'inconscio. Ne avrai certamente sentito parlare a scuola, in università o magari in qualche documentario di psicologia che è passato in TV. Di cosa stiamo parlando? Cos'ha a che vedere questo *"pianeta sommerso"* con il nostro carisma personale? Ebbene, il magnetismo non è altro che la capacità di sfruttare a nostro vantaggio l'energia soggettiva che ci appartiene. Immagina che un'aurea luminosa contorni il tuo corpo: puoi scegliere di includere al suo interno solo te stesso, di brillare più o meno intensamente, o di lasciare che la tua nuvola argentea finisca per inglobare anche un eventuale interlocutore.

Ecco, l'inconscio è l'elemento che ci permette di scegliere in che modo direzionare inconsapevolmente le nostre peculiari energie. Non basta pensare *"voglio diventare elegante e pieno di charme"* per piacere a tutti. Devi avere controllo sulla tua mente, devi riuscire a governare un *mindset* di successo nel momento stesso in cui lo desideri. Insomma, per crescere e migliorarti, è necessario avere controllo sui tuoi pensieri e sulle tue emozioni (e di conseguenza apprendere come influenzare l'inconscio). Ci chiederai: *"Sono necessariamente costretto ad affidarmi alla psicoanalisi per riuscire nell'intento? Non penso sia una strada che mi interessa percorrere!"* Ebbene, nonostante le possibilità cliniche e terapeutiche siano molteplici (ipnosi, psicoterapia, analisi personale ecc.) potrai scegliere di *"forzare"* la mente con semplici esercizi quotidiani (tra cui quello che abbiamo scelto di proporti qui). Se pensi che il nostro spunto di riflessione non faccia per te, non costringerti a fare pratica in questo modo. Ci sono migliaia di consigli (che ti daremo più avanti) che potrebbero piacerti di più e che potrebbero essere affini al tuo mindset!

Segui questi step:

- Prova a delegare la sveglia mattutina servendoti esclusivamente del tuo orologio biologico;

- Il tuo scopo principale è quello di suggestionare e influenzare la tua mente a tal punto da avere pieno controllo sulle tue intenzioni: non avrai bisogno di alcun suono infernale a ricordarti degli impegni quotidiani;

- Tutto quello che devi fare è focalizzare tutta la tua attenzione sull'obiettivo che ti sei prefissato: visualizza nella mente l'orario a cui desideri aprire gli occhi, convinciti di poterlo fare e lascia che il sonno ti culli nella pace e nel relax notturni;

- Ti stupirai di quanto sia semplice e funzionale influenzare la tua mente per esercitare pieno controllo su di te: nelle settimane passate, un nostro studente ci ha scritto una e-mail in cui ci narrava la sua particolare vicenda. Dovendo recarsi in università per sostenere un importantissimo esame, aveva ben pensato di predisporsi al pieno controllo del suo mindset psicologico nel corso della sera precedente al grande giorno. Convinto di doversi svegliare alle 5 e 30 del mattino, ecco che alle 5 e 20 aveva spalancato gli occhi conscio della spiacevole situazione in cui si sarebbe trovato qualora avesse continuato a dormire (a nessuno piace saltare un appello universitario sotto lo sguardo astioso del docente, non è vero?)

Ti chiederai il senso di un esperimento tanto semplice e apparentemente insignificante; ebbene, quello che stiamo cercando di dirti è che non riuscirai mai a gestire l'immagine che veicoli e che trasmetti in ogni istante della tua vita alle persone che ti circondano, se prima di tutto non ti impegni per avere il pieno controllo sul tuo settaggio psicologico. Il Growth Mindset ha valenza nel momento in cui riesci ad incrementare la carica positiva della tua routine quotidiana dimostrando a te stesso di poter affrontare le sfide che la giornata ha in serbo per te. Inutile cercare di nascondere la triste verità: se sei stato per lunghi anni portatore di un Fixed Mindset, devi partire dalle basi e devi farlo subito. I risultati arriveranno, ma la teoria non è sufficiente. Riprogrammare il tuo orologio biologico è il primo passo per dimostrare a te stesso di avere controllo su ciò che sei o su ciò che vuoi portare a termine nel corso della mattina. *Buon risveglio!*

Come mai alcune persone sono diventate brave a comunicare, negoziare, gestire collaboratori?

Mindset e rapporti sociali: c'è ancora un aspetto di fondamentale rilevanza che non possiamo assolutamente porre in secondo piano. Stiamo parlando di quella che il grande pubblico conosce sotto il nome di *Persuasive Communication*. La capacità di suggestionare e di convincere gli altri a fare ciò che noi desideriamo da loro, è un'arte a tutto tondo (nonché un elemento in grado di migliorare la tua vita tanto sul piano professionale quanto su quello affettivo o formativo). Anche in questo caso, un Growth Mindset consente di avere tutti gli strumenti manipolatori con cui riuscire a sviluppare una mentalità dinamica e propositiva nei confronti del tuo interlocutore. Inutile *chiuderti a riccio* o pensare di persuadere la controparte adottando un comportamento poco tollerante e autoreferenziale. Immagina di avere a che fare con un esperto di marketing: ti sei mai chiesto quali siano i segreti del mestiere che egli ha a sua disposizione per riuscire chiudere una vendita? Come può persuaderti del fatto che il televisore x sia la scelta migliore, che convenga investire di più, o ancora che sia bene firmare il contratto per una data emittente elettrica?

Sia chiaro, nel momento in cui parliamo di persuasione non facciamo riferimento al semplice inganno; non soltanto il vero manipolatore è un soggetto consapevole dell'importanza che *l'etica* riveste nel suo rapporto con il prossimo, ma è anche in grado di distinguere un comportamento che danneggia la controparte al solo fine di apportare un beneficio personale. Non vogliamo insegnarti in alcun modo come riuscire a *"fregare"* un cliente o un collega in ufficio: quello che vogliamo sottoporti è un metodo – basato su esercizi famosi in tutto il mondo – che potrà migliorare da un giorno all'altro il tuo modo di negoziare, di vendere, di risultare appetibile in una data cerchia sociale. Pronto? Non vediamo l'ora di dimostrarti in che modo alcune persone – sfruttando un mindset attivo e propositivo – siano capaci di comunicare come veri (ed eloquenti) sofisti: *ecco cosa sapere.*

Capitolo 5 – Il Mindset in pratica: puoi davvero cambiare la tua mentalità?

Mettere in pratica i consigli che abbiamo raccolto nel corso di queste pagine può sembrare un compito arduo: per quale motivo uscire fuori dalla tua zona di comfort per cercare di sviluppare un midset sì differente, ma ugualmente difficile da impiegare quotidianamente e da sfruttare al meglio? La motivazione deve partire da te e dal modo in cui sei solito condurre la tua vita: se ti rendi conto che le azioni che stai portando a termine non sono funzionali al raggiungimento della vetta, inutile continuare a sforzati lungo la stessa strada. Il successo si trova altrove: cambia il tuo settaggio psicologico e, piuttosto che rimanere dieci ore in ufficio nella speranza di portare a termine i compiti che ti sei prefissato, cerca di trovare stratagemmi di condivisione e di dialogo con i tuoi colleghi, con il tuo capo o in internet per comprendere dove si cela il tuo errore di base. Il punto è che non basta impiegare un Growth Mindset per una manciata di giorni: potrebbe capitarti di riuscire nell'intento, di essere soddisfatto del tuo nuovo *mood*, di notare miglioramenti in corso d'opera, ma ricorda sempre che il nostro cervello tende a ripetere i precedenti schemi neuronali sempre e comunque. Immagina di essere stato invitato nuovamente ad una serata tra amici: l'ultima volta che ti sei recato con loro nel locale *x*, ti sei annoiato. Ebbene, nonostante la seconda uscita potrebbe prendere una piega differente, nella tua mente hai già stabilito le sorti del tuo momento di svago *("non vado per niente" oppure "non mi divertirò affatto!")* Capisci bene che non basta decidere di cambiare: bisogna crescere caratterialmente e professionalmente a tal punto da scegliere le trasformazioni personali come il mezzo privilegiato in grado di aiutarti a raggiungere i tuoi obiettivi! In che modo?

Abbiamo scelto di aprire una breve panoramica informativa corredata da consigli utili, tecniche di persuasione (e molto altro).

Quando la paura diventa una fedele alleata: come comportarci?

Sai cosa rischia di inibirti? Nella maggior parte dei casi, un individuo dotato di mentalità statica (Fixed Mindset) sarà più portato a dare priorità al modo in cui la sua immagine viene riflessa negli occhi degli altri, della società. Cercare di intraprendere strade mai battute prima, infatti, significa metterti nella condizione di fallire e di *"sembrare stupido"*, magari perché hai scelto di giocare una *manche* che mai nessuno ha scelto di tentare prima. In questo modo, ti rendi conto che la tua vita si trasforma in un insieme potenzialmente infinito di ripetizioni/abitudini/schemi mentali che ti annoiano e ti soffocano. Basti pensare alla storia del *"ristorante preferito"*: sai che hai mangiato un'ottima pizza, tutti i tuoi amici ne sono entusiasti e tu, assieme loro, ti ritrovi ogni weekend allo stesso tavolo, a mangiare lo stesso piatto. Se il tuo settaggio psicologico trasuda messaggi e pensieri del tipo *"non voglio sentirmi in imbarazzo"*, *"non voglio sbilanciarmi"* o ancora *"non penso di essere in grado di riuscire nella scelta x o y"*, allora comprendi bene che non avrai mai modo di sovvertire la staticità che ha depotenziano non solo la tua vena creativa e progettuale, ma anche la tua vita in generale. Il risultato è un fattore inibente che tende a trasformarti in una persona insicura e scarsamente magnetica, una di quelle che segue le tendenze senza domandarsi cosa ci sia al di là della mera apparenza. Come contrastare il risultato di una paura inconscia tanto radicata nell'animo umano? C'è un modo – magri scientifico e comprovato da test in laboratorio – che permette di trovare una risposta all'annosa questione? La nostra posizione non può che essere positiva: certamente sì!

L'unico modo per gestire un timore tanto profondo e radico nel nostro sub-conscio, è quello di riconoscere e di accettare *"il nemico"*. Piuttosto che combattere il sottile senso di imbarazzo e di disagio che provi nel momento in cui sei sul punto di fare un grande passo, affronta con coraggio la paura che guida il tuo comportamento e cerca di prendere la direzione che maggiormente ti affascina e/o ti incuriosisce.

Non temere di risultare fallibile agli occhi degli altri:
ricordiamo con piacere la storia di uno studente che, per
anni, aveva studiato nella solita biblioteca universitaria senza
spostarsi nell'ala di ricerca (che maggiormente catalizzava la
sua attenzione). Non sapeva come accedervi e non ne
conosceva i regolamenti. Bastò un consiglio molto semplice –
ovvero quello di chiedere maggiori informazioni presso la
scrivania di segretariato – per sbloccare un ostacolo che al
lettore potrebbe sembrare ridicolo, ma che per chi è dotato di
una Fixed Mindset particolarmente profonda, non può fare a
meno di diventare un muro difficile da abbattere.

Pensiamo che il mondo universitario calzi a pennello: quante
volte capita di ascoltare le vicende di studenti che – per
timore di non riuscire a conseguire buoni voti – preferiscono
non iscriversi in una facoltà più difficile (almeno a detta della
maggioranza), accontentandosi di un percorso formativo che
non li soddisfa pienamente? La paura non va combattuta e

negata, ma superata mediante una contro-mentalità che

permetta di rispondere *"potrei anche fallire, ma non possono*

fare a meno di tentare!"

Nuove abitudini in poche settimane: è possibile?

Parlando di pratica, molti lettori si saranno certamente

domandati il segreto che sta alla base del successo. Quanto

tempo è necessario perseverare prima che la *ripetizione* di cui

ti abbiamo parlato possa finalmente portare i suoi frutti?

Nella maggior parte dei casi, i fautori e gli studiosi che

operano da anni nel campo della riprogrammazione mentale

[6], sono concordi nell'affermare che 21 giorni siano più che

---

[6] **La riprogrammazione mentale** si basa su una forma di funzionamento
che passa sotto il nome di *"condizionamento neuro-associativo"*. Non stiamo
parlando di una sorta di lavaggio del cervello (basti pensare che questa
tecnica è ampiamente usata anche sui bambini!) Lo scopo della RM è quello
di creare delle risposte selezionate a dati stimoli provenienti dal mondo
esterno, andando a sostituire reazioni negative e/o insoddisfacenti derivanti
da un dato *background* soggettivo.

sufficienti per iniziare a padroneggiare i concetti appresi nel corso della fase di trasformazione (da Fixed Mindset a Growth Mindset, ad esempio). Ci chiederai: *"Fantastico! Eppure, sembra impossibile che tre settimane possano determinare un cambiamento tanto evidente in me e nel mio settaggio psicologico. Poi mi chiedo: perché proprio 21 giorni?"* La risposta sta nel cervello: le reti neuronali che siamo soliti attivare nel corso della giornata, infatti, hanno bisogno di tre settimane di pratica costante per riuscire a tracciare la reazione aggiuntiva anche sul piano sub-conscio. Nuovi collegamenti si creano, precedenti azioni vengono meno. Il risultato? Accade quello che tutti noi abbiamo sperimentato almeno una volta nel caso di un impegno scolastico o lavorativo: se siamo soliti svegliarci alle ore 11:00 del mattino, saremo certamente portati a soffrire una lezione o un turno in ufficio che ci costringe ad essere pronti alle ore 8:00. Il primo giorno ci sembrerà un impegno fuori dalla norma, dopo una settimana riusciremo a sopportare con più semplicità il risveglio mattutino e – a distanza di 3 settimane – potremo addirittura aprire gli occhi un paio di minuti prima del suono della sveglia. *Magia? No, connessioni neuronali, ti dirà la scienza!*

Ricorda che – in condizioni ideali, ovvero senza fattori esterni che ti costringano a cambiare abitudini – 21 giorni possono determinare la ricerca di un tuo personale settaggio mentale che sia più attivo e propositivo. Vogliamo lasciarti al prossimo paragrafo con un esercizio che siamo certi potrà effettivamente funzionare: prendi un foglio di carta (o una nota sul tuo smartphone) e stila una lista accurata di tutti gli aspetti della tua vita che non soddisfano gli ideali che hai di te. Non preoccuparti di essere ripetitivo o eccessivamente prolisso: non fai mai i piatti dopo pranzo perché hai sonno? Non metti in ordine la stanza prima di uscire? Oppure bevi troppi caffè e vorresti limitarne il consumo? Quello che ti chiediamo è di sforzarti per 21 giorni (se ci pensi, meno di un mese) per combattere quotidianamente contro ciò che ti limita e di depotenzia. Portata a termine la sfida, rifletti sui

risultati ottenuti: *è stato sufficiente cancellare dalla lista il*

fattore x? Oppure non hai potuto fare a meno di cedere in un

paio di giorni? Se sì, cosa ha determinato la sconfitta? Senti

che cambiare la tua abitudine è ancora così doloroso e

difficile, proprio come nel corso dei primi giorni? Prendi

appunti e tieni traccia dei tuoi progressi!

Quali sono le principali tecniche di riprogrammazione mentale?

Partire dalle abitudini della tua quotidianità è certamente

importante per intraprendere una strada di miglioramento

attraverso una sfida che sia a portata di ognuno di noi: ma

cosa fare nel momento in cui bisogna intervenire sulla

mentalità in generale, ovvero sull'insieme di credenze e di

opinioni che abbiamo radicate in noi stessi? Innanzitutto, è

bene dar credito ai suggerimenti insiti nella disciplina del *goal setting* (ovvero della creazione e del perseguimento di un obiettivo):

- Il traguardo da raggiungere deve obbligatoriamente essere chiaro e delineato nella tua mente;

- Esso deve essere sostenuto da una decisa e ferrea motivazione, ovvero da uno slancio che riuscirà a supportarti in vista del tuo successo.

La voglia di riuscire a raggiungere la vetta, infatti, è alla base della pratica. Se nella tua mente riuscirai a focalizzare il premio tanto agognato, ecco che passare dalla teoria all'azione vera e propria sarà molto più semplice e immediato. Molto spesso, scegliamo di portare a termine dei *task* di cui noi stessi non scorgiamo la fine. Che si tratti di compiti lavorativi o formativi, ecco che diamo vita a degli obiettivi al di fuori delle nostre possibilità: *inutile combattere contro i mulini a vento!* Non farai altro che perdere ulteriore fiducia in te stesso, finendo per chiuderti sempre più all'interno della bolla della staticità e della mancanza di intraprendenza. Cosa fare? Tre sono i trucchi *must-know* che non puoi assolutamente trascurare:

- **Poni dei limiti temporali al raggiungimento dei tuoi scopi:** vogliamo svelarti un segreto che potrebbe sembrarti banale, sebbene molto spesso passi in secondo piano. L'essere umano è per natura portato a trasformare se stesso e le sue ambizioni. Tutti noi siamo cangianti, dinamici e pronti a rivoluzionare il nostro modo di pensare, di vestire, di dialogare e di relazionarci nel corso delle giornate. Insomma, inutile scegliere di delineare un obiettivo che necessiti di un tempo potenzialmente infinito (stiamo parlando di decenni, ma anche 2-5 anni possono essere eccessivi,

ricordalo sempre). La scelta migliore è quella di

compiere piccoli passi: se riuscirai a portare a casa dei

risultati invidiabili già dopo un mesetto di pratica

costante, sarai certamente portato a perseverare con

più motivazione ed energia!

- **Scegli di interporre degli obiettivi intermedi:**
  sappiamo cosa stai pensando*: "ma se voglio portare a*
  termine un percorso universitario o professionale
  sono costretto a scegliere una strada che sia durevole,
  non è vero?" Non possiamo che essere d'accordo con
  te: in questo caso, ritagliati dei traguardi mediani che
  potrai tagliare ciclicamente (ogni sue/sei mesi al
  massimo) per ricaricare le pile e per sentirti un vero
  vincente. Un esame universitario, una piccola
  promozione, una menzione d'onore (e così via)
  possono essere motivo di profonda rigenerazione

psicofisica: non tralasciare mai la tua soddisfazione; quest'ultima è il vero motore che muove l'uomo e la sua prassi quotidiana!

- **Non dimenticare mai che il tuo obiettivo è prossimo alla realizzazione:** gli incidenti di percorso sono spesso difficili da sopportare. Sentiamo che i nostri sforzi non hanno portato i risultati sperati e pensiamo che niente possa più aiutarci a crescere e a fortificare la nostra voglia di metterci in gioco. Non è così! A tutti capita di cadere vittima di un errore grossolano e apparentemente imbarazzante (non riusciamo a superare l'esame o veniamo scavalcati da un collega meno stacanovista di noi). Ebbene, *c'est la vie:* l'esistenza è un continuo alternarsi di vittorie e di sconfitte. Non pretendere di essere una macchina infallibile ma inizia ad apprezzare l'importanza dello sbaglio. Quest'ultimo è elemento imprescindibile dell'essere umano: impara a riconoscerlo e ad accettarlo!

Infine, non sovraccaricare mai la tua mente: facciamo riferimento a un consiglio di ordine generale (valido in ogni ambito della tua vita). Il nostro cervello può processare milioni di informazioni al giorno, ma solo una piccola percentuale di esse riesce a raggiungere il grado di consapevolezza e di importanza che ci rende consci di ciò che davvero pensiamo/sentiamo. Inutile cercare di mettere troppa carne sul fuoco: il rischio che si corre è quello di minimizzare i nostri obiettivi. Un esempio? Se vuoi dimagrire e al contempo risollevare la tua situazione economica, scegli di dare priorità a uno dei due ambiti esistenziali che necessitano di nuovo *sprint*. Prioritizzare è la parola magica che riuscirà a cavarti d'impiccio nella stragrande maggioranza dei casi: quando la tua mente tende ad offuscarsi e ad essere troppo confusa, prendi un pezzo di carta, scrivi ciò che davvero è importante per te, ordina il materiale che hai prodotto "a flusso di coscienza" e lascia che ogni cosa trovi la sua dimensione. *Ti sentirai davvero sollevato!*

Infine, non pensare di dover obbligatoriamente cancellare dalla tua *to-do-list* gli obiettivi che non rientrano nella top 3 esistenziale: basti sapere che ogni abitudine, ogni credenza e ogni schematismo mentale è strettamente connesso a tutti gli altri fattori che concorrono alla creazione della routine quotidiana. Apprendere le tecniche di settaggio mentale, infatti, è più che sufficiente per rendere il cervello dinamico e modellabile a seconda di ciò che preferisci: instillare la rivoluzione nelle nostre vite è difficile, ma quando comprenderai le potenzialità della tua energia psicofisica, non potrai fare a meno di sbizzarrirti e di cercare una strada che sia soggettivamente e profondamente tua!

Qual è il metodo migliore con cui realizzare i tuoi obiettivi?

Avere un *plan* ben definito, aiuta a minimizzare i rischi di insuccesso: basti pensare che la programmazione è alla base di qualsiasi realtà imprenditoriale di fama mondiale. Anche nel caso in cui ci riferiamo a un soggetto – e all'insieme delle sue abitudini – non possiamo fare a meno di mettere in evidenza un fatto curioso: anche nel momento in cui ci sembra di essere sopraffatti dalla negatività e dall'insuccesso delle nostre azioni, avere un calendario ben definito (con i nostri impegni, i compiti e le commissioni da portare a termine), aiuta a riequilibrare la percezione della nostra mente. Abbiamo scelto di guidarti step-by-step alla ricerca di un percorso di riprogrammazione mentale fatto apposta per te:

- **Pensa ad un obiettivo da realizzare:** avere un taccuino o un'agenda in cui appuntare le aspirazioni è un buon modo per tenere traccia dei tuoi piccoli (grandi) cambiamenti. Non pensare soltanto al raggiungimento del *goal* che ti sta a cuore, ma interrogati sul perché tu sia tanto affezionato a un dato ideale di te e della tua personalità;

- **Su un foglio bianco, scrivi le associazioni mentali connesse all'obiettivo che desideri raggiungere:** forse non lo sai, ma il flusso di coscienza è uno stratagemma usato da grandi imprenditori, pensatori e artisti del nostro tempo. Riuscire a creare un flusso di informazioni e stati mentali, infatti, permette di generare nuove idee (alcune di successo, altre no). Cerca di chiudere gli occhi e di rispondere ad alcune delle seguenti domande: *"Perché non hai mai sentito il bisogno di* *modificare l'abitudine poco virtuosa? In che modo*

pensi di poter raggiungere i risultati migliori? Qual è

l'ultimo ricordo spiacevole connesso all'azione x?

Quale quello piacevole?" Lascia fluire i pensieri nel

momento presente e non aver paura di risultare fuori

luogo: molto spesso una pagina bianca fa più paura dei

nostri pensieri!

- **La ripetizione scritta (è giunto il momento di mettersi in gioco):** hai tutto ciò di cui necessiti per

  riuscire egregiamente nel raggiungimento del tuo

  obiettivo. Cosa fare a questo punto? Ebbene, quella

  della ripetizione scritta è la più potente tecnica di

  settaggio mentale che avrai mai a disposizione.

  Nonostante la sua apparente difficoltà (che sta nella

  pigrizia e nell'incuria ad essa connessa), cerca di

  mantenere ben saldo il tuo traguardo. Scegli una frase

  chiara e radicata nel momento presente e scrivila

quante più volte possibile nell'arco della giornata. Un esempio? Sì a *"Sono orgoglioso di me perché finalmente sto studiando ciò che mi piace davvero"*; no a *"Sarò felice e soddisfatto appena prenderò una laurea!"* Nel secondo caso, infatti, l'accento è posto sul futuro e sull'insoddisfazione ancora radicata nel famoso *Qui e ora*.

Ti domanderai lo scopo di un esercizio apparentemente così banale. Ebbene, nel corso del tempo ti renderai conto che il *mantra* che hai scelto di trasmettere sul piano conscio e inconscio della tua mente, riuscirà a sovvenirti alla memoria anche nei momenti più difficili e bui della tua vita. Scegliere in anticipo un'àncora di salvataggio è l'unico modo per non cadere vittima della tua scarsa autostima. Vedrai che il mood giornaliero ti ringrazierà: *provare per credere!*

Capitolo 6 - Il Mindset e le nuove tecnologie

L a nostra società si è rapidamente digitalizzata. Le pratiche comunicative e sociali hanno subito un cambiamento radicale, capace di rendere l'individuo sempre più informatizzato, connesso, scattante e (inevitabilmente) meno empatico e propositivo. Il motivo? Basti pensare alla strategia con cui teniamo sotto controllo i nostri contatti: i social network hanno fortemente limitato il modo in cui era soliti parlare e confrontarsi fino a qualche decennio fa. Giornali e riviste sono passate in secondo piano, l'informazione si ottiene online e la possibilità di trovare lavoro (e spesso di creare veri e propri business vincenti), anche. Cosa fare? Lasciare da parte le vecchie forme di trasmissione segnica o continuare a perseverare come i nostri nonni? Cambiare o non cambiare? Non è forse errato cedere all'innovazione? O piuttosto è ormai superfluo cercare di

portare a termine i propri obiettivi esistenziali senza l'aiuto di

uno smartphone in tasca? Per rispondere a queste (e ad altre)

domande, è necessario fare un passo indietro, così da

interrogarsi in merito alla creazione di un vero e proprio

Mindset Digitale: *ecco cosa sapere.*

Digital Mindset: cos'è e perché è importante conoscerlo?

Digital Mindset. Un termine di cui si sente parlare sempre più spesso e che è tornato in auge a seguito dell'interesse dimostrato da imprenditori, dipendenti e professionisti consapevoli della rilevanza di una realtà professionale online. Di cosa stiamo parlando? Partiamo da un assunto fondamentale: non puoi tralasciare l'innovazione tecnologica se hai intenzione di trovare lavoro o di formarti mediante delle skills (hard o soft, non fa alcuna differenza) che possano agevolarti nel mantenimento di un ruolo aziendale positivo e ben articolato. Con il termine italiano di *settaggio psicologico digitale* facciamo riferimento alla mentalità che ha origine a partire dai cambiamenti che si sono verificati nel sostrato sociale e comunitario a causa della rivoluzione tecnologica che ha stravolto le nostre vite. La modalità di pensiero e di azione con cui l'essere umano è solito approcciare l'esistenza, in altre parole, è diventata motivo di nuovi studi e di ampie ricerche tematiche. In che modo la comunicazione 2.0 può effettivamente essere veicolata mediante gli strumenti hi-tech che abbiamo a disposizione? Quali sono i vantaggi? E quali i contro di un mindset virtuale e sempre meno *"incarnato"*?

In ogni caso, è doveroso fare una precisazione: il termine Digital Mindset non è stato coniato in tempi recentissimi. Basti pensare che già a partire dal 2013 un nutrito gruppo di pensatori, ricercatori e sviluppatori (tra i quali non possiamo che citare Vivienne Benke), cercò di definire la trasformazione radicale che lentamente modificava l'approccio esistenziale dell'umano. La ricercatrice scrive in una sua pubblicazione scientifica: *"Il Digital Mindset è costituito da un insieme di conoscenze ed esperienze che ogni individuo ha sviluppato all'interno di una società sempre più digitalizzata e che vengono riconosciute e utilizzate per avere successo nell'ambiente digitale."* Due sono gli elementi che, qualsiasi buon lettore, potrà automaticamente trarre da questa breve citazione:

- Il digitale presuppone delle conoscenze *sui generis* (ovvero delle forme di apprendimento che sono vincolate alla realtà dell'online e alle sue manifestazioni);

- Il digitale permette di raggiungere risultati ragguardevoli (il successo di cui parla la Benke) qualora si sappia sfruttare a proprio vantaggio le competenze proprie del mondo 2.0.

Ti chiederai in che modo questo possa influire – più o meno positivamente – sulla necessità di riprogrammare la tua mente. Ebbene, ci teniamo a sottolineare un aspetto a nostro avviso fondamentale: nel momento in cui la realtà che ci circonda muta in maniera così considerevole, inutile negare la necessità di un cambiamento. Il mondo è piano di individui che sono ostili alla tecnologia; altri – in particolar modo i *millennial*, ovvero i nativi digitali – sono piuttosto assuefatti all'uso di smartphone, laptop, smartwatch e tablet di qualsiasi forma, versione e dimensione. Il punto è che – quantomeno nell'ambito lavorativo e formativo – non si può fare a meno di cogliere anche l'altra faccia della medaglia. Internet non è solo un luogo in cui cercare informazioni in merito a ricette, video comici, contatti di vecchi amici ecc. Esso è anche uno strumento potentissimo in grado di favorire la creazione di un Growth Mindset 2.0, un settaggio psicologico dinamico e aggiornato. Abbiamo scelto di dimostrarti in che modo sia possibile trarre una serie di vantaggi dagli strumenti hi-tech che ti circondano. Non importa che tipo di lettore tu sia: potresti essere un nativo digitale DOC o un imprenditore alla ricerca di alcune competenze e alcuni strumenti mediante cui modernizzare la tua azienda: in ogni caso, è bene che tu possa sempre sfruttare a tuo vantaggio i benefici tecnologici che abbiamo analizzato qui sotto!

- **Essere curiosi verso i nuovi strumenti:** la tecnologia permette di semplificare alcuni elementi delle nostre vite che ancora attendono di ricevere il giusto sprint, la giusta crescita. Hai mai pensato quanto sia importante conoscere le tecniche più smart con cui aumentare la produttività, contattare le aziende o i clienti che potrebbero essere interessati ai tuoi prodotti e/o servizi, o ancora a quanto un semplice profilo social riesca ad aumentare la visibilità del tuo brand? **Sperimenta e non aver paura di fallire:** il *digital* è un insieme ben fornito di strumenti pensati per essere intuitivi e ampiamente funzionali. *Provare per credere!*

- **Mantenersi costantemente aggiornati:** le informazioni viaggiano ad una velocità di gran lunga superiore rispetto a qualche decennio fa. La televisione, la stampa e la radio hanno subito una forte minimizzazione. Il ridimensionamento in questione non ha certamente coinvolto il mondo dell'internet. Al di là del rispetto di base e dell'utilizzo responsabile e consapevole che ogni individuo dovrebbe fare del digitale, è anche vero che la connessione tra persone è il punto di partenza da cui conoscere in anteprima le novità più *hot* tra quelle offerte dagli strumenti online. *Sarai capace di comprenderne il potenziale per la tua azienda?*

- **Utilizzare la tecnologia per semplificare la vita:** non sempre internet è sinonimo di allontanamento dall'umanità, dall'empatia e dalle emozioni che spesso ci sembra di aver abbandonato a causa di uno schermo. Tutto sta nell'utilizzo del mezzo che hai a disposizione: non porre mai il *digital* come il fine ultimo del tuo agire, ma sfrutta a tuo vantaggio le possibilità formative, professionali e di svago in esso contenute.

Trading, Digital marketing, Drop shipping in pillole: cosa sapere?

La domanda che certamente ti frulla nella testa è la seguente: *"ma quindi posso creare un business online se sono pronto a mettere in discussione il mio Fixed Mindset? Internet è il luogo adatto? Oppure devo partire da altro, cercando lavoro in un'azienda o ovunque abbia delle competenze qualificate da dimostrare?"* Non saremo noi ad analizzare nello specifico quali possono essere le centinaia di alternative da far partire subito (magari con un investimento iniziale davvero minimo).

Il *digital* non è un luogo in cui – con zero sforzi – si possono ottenere stipendi a cinque zeri. Vogliamo semplicemente prendere ad esempio alcune chances di carriera che magari hai già sentito nominare.

- **Trading online:** il trader non altro che un commerciante, la cui compravendita viene effettuata esclusivamente in Borsa. Milano, Londra o New York, ne avrai certamente sentito parlare. Ebbene, a partire dagli anni 2000, non è più necessario partire con la valigia di cartone nella speranza di fare fortuna attraverso la strada della speculazione finanziaria. L'avvento di internet ha permesso finalmente di spostare la contrattazione su un piano digitale e – per questo motivo – accessibile a chiunque lo voglia. A partire da questo semplice presupposto, è necessario distinguere le varie forme di merce date acquistabile in quattro macrocategorie: valute (Forex), materie prime (Commodities), azioni (Equities), obbligazioni (Bond).

- **Digital Marketing:** la promozione di prodotti e servizi online ha permesso a moltissime aziende (e liberi professionisti) di riuscire a scalare la classifica dei propri acerrimi competitors. Anche in questo caso specifico, facciamo riferimento a un mercato sui generis, il cui ricavato può portare a rendite consistenti. Ebbene, al contrario del marketing tradizionale, la proposta 2.0 permette di sfruttare i principi della comunicazione persuasiva online allo scopo di consentire miglioramenti e ottimizzazioni continue. Tra le sottocategorie che hai probabilmente già sentito nominare e che stanno alla base del DMS (Digital Marketing Specialist) ricordiamo: il Content Marketing, SEO, SEM, DEM (direct e-mail marketing), social media marketing ed e-commerce marketing.

Non le approfondiremo in questa sede, ma speriamo quantomeno di averti istillato la curiosità per cercare di tua sponte una realtà professionale che possa eventualmente fare al caso tuo!

- **Dropshipping**: l'idea imprenditoriale che sta alla base del business online in questione concerne la vendita di prodotti, senza alcun bisogno di gestire in prima persona i fornitori, le merci, il magazzino o le scorte. In che modo è possibile automatizzare il processo? Il commercio elettronico, com'è semplice immaginare, non implica di una vera e propria imprenditoria che sta alla base della vendita in internet. Tutto ciò di cui hai bisogno è la ricerca di una manovra di marketing vincente – ovvero che sia capace di trovare un target (un pubblico) ben definito – e un fornitore affidabile che sappia gestire tutto ciò di cui hai bisogno per spedire la merce proprio nel momento in cui essa viene ordinata (né prima né dopo).

Corsi, articoli e contenuti gratuiti fruibili comodamente da casa (tramite smartphone, tablet o laptop) possono aiutarti nella realizzazione di un business imprenditoriale con cui mettere in pratica le conoscenze e le competenze sviluppate mediante un Digital Mindset di successo. Intraprendere l'ascesa verso l'Olimpo dell'Innovazione non è mai stato così semplice: velocità di scambi, interconnessione, accelerazione dei processi produttivi e una buona dose di sperimentazione che permette di partecipare attivamente alla grande sfida che il futuro riserba per noi. Insomma, non possiamo che consigliarti di ascoltare podcast e/o audiolibri, guardare video online o cercare libri che possano aiutarti ad entrare nel vivo di un settaggio psicologico digitale di successo! *Un ultimo consiglio? Non essere troppo razionale: affidati sia ai dati che hai a disposizione, sia al tuo intuito!*

Capitolo 7 – Esercizi utili da mettere in pratica: Growth Mindset, Persuasione, Digital Mindset (e molto altro)

Siamo consapevoli del fatto che la nostra guida sia il punto di partenza da cui intraprendere un percorso che debba obbligatoriamente essere maturato consapevolmente a partire dalla tua motivazione e dalla tua voglia di raggiungere gli obiettivi prefissati. Al di là dei consigli e dei suggerimenti – sia teorici che pratici – che abbiamo dispensato nel corso del nostro viaggio alla scoperta di un Growth Mindset di successo, non possiamo che raccogliere alcune pillole di positività pensate *ad hoc* per quanti siano alla ricerca di una spalla su cui fare affidamento. Autostima e settaggio psicologico sono due facce della stessa medaglia: le persone che vantano una buona fiducia in sé stesse sono perspicaci, persistenti e hanno ben chiaro il traguardo da tagliare proprio in virtù della sicurezza che nutrono. Questo genere di individui non è solito mollare, anzi, ha bisogno - di tanto in tanto - di poter arrestare la scalata verso la vetta. Gli ostacoli e gli impedimenti della vita diventano il pretesto per dimostrare di saper gestire al meglio le proprie competenze in *problem-solving*. A partire da questo presupposto, è necessario che tu tenga a mente alcuni principi universali su cui fare affidamento anche nei momenti più bui e offuscati della tua esistenza:

- **Tieniti lontano da persone che esercitano su di te un'influenza negativa e lamentosa:** non è prendendo spunto da soggetti che sono soliti lasciarsi sopraffare da un Fixed Mindset di continui insuccessi che riuscirai a portare a termine i tuoi salti qualitativi. Molto spesso siamo soliti pensare che le persone che fanno parte della nostra vita – magari amici di lunga data o gruppi di conoscenti con cui trascorriamo il nostro free time – debbano obbligatoriamente mantenere di diritto uno spazio affettivo nel nostro microcosmo. Rifletti bene: prendi un foglio di carta e inizia a scrivere i pro e i contro delle relazioni interpersonali che intrattieni nel corso delle tue giornate. Ci sono fattori che ti negativizzano, senza che tu possa far nulla per evitarlo? Oppure pensi di poter costruire un orizzonte sociale e comunitario in linea con i tuoi presupposti di crescita?

- **Festeggia i successi (e scendi a patti con i fallimenti):** come ti abbiamo ripetuto più volte nel corso del nostro manuale, gli errori sono parte della natura umana (anzi, sono l'elemento che ci distingue dalle macchine e dalla perfezione robotica, se ci pensi bene). Non vergognarti degli arresti che la tua vita deve subire. Da un momento all'altro, essi possono diventare il pretesto per comprendere qual è la chiave di lettura di cui hai bisogno per arricchire non solo te stesso, ma anche le persone che ti circondano. Un esempio? Se sai che lo studio della matematica non è il tuo forte (e hai del tempo libero a tua disposizione) cimentati in un'attività che ti sembra davvero *"fuori dalle tue corde"*. Sei stonato? Inizia a cantare. Non sei il tipo che viene solitamente definito *l'anima della festa* perché pensi di muoverti in pista in modo davvero ridicolo? Buttati e lasciati andare, segui un corso di danza e divertiti appena ne avrai l'occasione (sia da solo che con i tuoi amici). Esci fuori dalla tua comfort zone*! Può sembrare un paradosso, eppure per apprendere il modo in cui sbagliare correttamente, c'è bisogno prima di sbagliare!*

- **Prenditi cura di te stesso:** il mantra dell'autostima recita: *"sono io la persona più importante della mia vita!"* Non stiamo facendo riferimento a lunghe sessioni di allenamento in palestra, magari per entrare in competizione con gli sportivi presenti nei paraggi. Non dovrai abbandonare un cibo di troppo, né basare la tua totale alimentazione in modo sano, equilibrato e 100% biologico (seppur il nutrimento del nostro fisico rispecchia ampiamente anche la salute della mente, per cui non è bene sottovalutare una dieta mediterranea di ottima qualità). Ricorda che basta davvero poco per ottenere i risultati sperati: scegli di dedicare 30 minuti al giorno all'attività fisica, dormi per un minimo di sette ore a notte e non lasciare che la routine della produttività finisca per incidere sul tuo umore, provocando ansia e stress. Ognuno di noi hai bisogno di cure e di coccole differenti: *sta a te comprendere come prenderti cura di te stesso!*

- **Quando l'apprendimento non è possibile, affidati a esperti/amici/conoscenti che hanno più informazioni di te:** ti abbiamo già parlato di alcune peculiarità del nostro cervello. Le mappe mentali che abbiamo a disposizione possono essere create sia mediate dati e prove comprovate dalla ricerca, sia in base a pseudo-convinzioni e preconcetti che ci portiamo dietro in virtù del nostro background personale. Non è bene pensare di essere portatori di una verità universale senza sentire il bisogno di ascoltare il parere di persone che – in un modo o nell'altro – possono effettivamente aiutarti ad aprire nuovi orizzonti conoscitivi (che siano più precisi e dettagliati). Insomma, se non hai tempo e modo di approfondire i campi di tuo interesse, lascia che la cooperazione tra individui appartenenti alla tua cerchia sociale possa portare a una maggiore specializzazione delle tue mappe cerebrali. *Più conosci, più sarai in grado di aprire la mente e di prepararti ad abbracciare la tua inedita rivoluzione psicologica!*

Digital Mindset e Growth Mindset: esercizi 2.0 per una crescita di successo

Devi invertire la rotta e devi farlo subito: inutile attendere che lo scorrere dei giorni infierisca sugli scarsi risultati che stai ottenendo nel corso della tua esistenza. Il tempo che hai a disposizione deve poter esser organizzato in modo tale che ogni aspetto della quotidianità sia efficiente, appagante e denso di emozioni e/o esperienze innovative. Per quanto concerne il mondo del digital, non possiamo che consigliarti di mettere in pratica i seguenti esercizi!

Attività numero 1: impara a delegare i compiti che possono essere automatizzati

Lo sviluppo tecnologico ha come obiettivo la creazione di un lifestyle più rapido e scattante. Non per forza devi scegliere di digitalizzare ogni aspetto della tua vita (ad esempio quello affettivo - a cui potresti esser particolarmente legato - è bene che rimanga più empatico e tradizionale se lo desideri). Il trucco sta nel saper creare una lista di priorità tale da decidere cosa delegare allo smartphone e al laptop che stringi sempre tra le mani. Un esempio? Se vuoi organizzare una serata tra amici ma il lavoro ti impedisce di avere del tempo libero extra a disposizione per *"staccare la spina"*, cerca tool, siti web, applicazioni (e qualsiasi forma di collaborazione 2.0) con cui velocizzare e automatizzare i compiti che non sei costretto a supervisionare in prima persona. Ricordiamo con piacere la storia di uno studente prossimo alla laurea incapace di impaginare la sua amata tesi. Preso dal panico, il giovane aveva scelto di chiudersi in casa per portare a termine il suo lavoro, ottenendo scarsi risultati. Quando capitò di domandargli il motivo per cui non avesse trovato un professionista online che – a prezzi modici – avrebbe potuto aiutarlo, ci rispose di non averci pensato. Capisci bene che il tempo che hai a tua disposizione non è di certo infinito: smetti di trattarlo come fosse una risorsa di scarsa rilevanza e impegnati affinché la cooperazione e lo scambio interpersonale sia motivo di arricchimento e di semplificazione. *Internet ti connette con chiunque desideri, non dimenticarlo mai!*

Attività numero 2: trasforma gli errori in opportunità di crescita

Speriamo che tu possa chiudere le pagine di questo manuale con il desiderio di tentare nuove strade, sperimentare un'inedita visione lavorativa o esistenziale, e magari applicare le suggestioni che provengono dalle teorie e dalle realtà internazionali (e non solo). Insomma, quando sarai indaffarato e cercherai di costruire una visione del mondo che sia più attiva e appagante, non dimenticare di trattare gli errori commessi come pretesto per una crescita di successo. Maggiori saranno gli inciampi, più forte sarà la volontà che dovrai impiegare per rialzarti e per continuare a perseguire i tuoi obiettivi. In questo modo potrai:

- Comprendere quali fattori non funzionano, sostituendoli con elementi in grado di adeguarsi al meglio alla tua realtà formativa, lavorativa o affettiva;

- Evitare di acquisire troppo fiducia in te stesso, proiettandoti sulle vittorie passate: il rischio è quello di aspirare al cambiamento pur restando vittima del Fixed Mindset precedente;

- Provare sulla tua pelle il mantra del Growth Mindset: *"il meglio deve ancora venire"*. Se una giornata è priva di brio, scegli di programmare un'attività appagante per il giorno seguente, ricarica le pile e affronta i tuoi obiettivi con le giuste *vibes;*

- Smettere di pensare che perdere una battaglia sia motivo di fallimento al 100%. Le vittorie si costruiscono a seguito di tentativi ed errori inizialmente insoddisfacenti.

Tecnica numero 3: Divide et Impera

Quante volte capita di sentirci sopraffatti dai *task* appuntati in agenda? Ci sembra che il tempo non sia mai abbastanza, la frenesia si impossessa della nostra mente e – nel momento in cui dobbiamo uscire dalla nostra comfort zone per tentare un approccio differente – ci sembra di non avere più nemmeno un residuo di energia. Cosa fare? Il trucco sta nell'applicazione pratica di un famoso detto latino: *divide et impera*. La visione d'insieme è utile nel momento in cui desideri affrontare con consapevolezza i progetti futuri, ma è totalmente dannosa se vuoi portare a termine i compiti giornalieri. Devi studiare 15 capitoli in un giorno? Hai oltre 50 e-mail da leggere prima che sia troppo tardi e il tuo capo si renda conto della trascuratezza con cui operi in ufficio?

Rilassati, respira e pianifica: cercare di scomporre i problemi più grandi in sottocategorie semplici e approcciabili, significa tornare ad avere un senso di controllo sul mondo che ci circonda. Non siamo multitasking: è un falso mito quello secondo cui dovremmo badare contemporaneamente a due o più elementi della nostra vita affettiva o professionale. Porta sempre con te un blocco notes (o un plico di post-it) su cui appuntare gli obiettivi che ti sei prefissato. Qual è il modo più *smart* per arrivare al punto? Quale il percorso per tagliare il traguardo senza affrontare direttamente il macro-problema?

Tecnica numero 4: il diario della creatività

Cosa ha a che vedere la creatività con lo sviluppo di un Mindset vincente? In internet ti sarà certamente capitato di leggere qualche articolo incentrato sull'importanza del fantasticare (un'attività in larga misura infantile, che poi tende a svanire con il sopraggiungere dell'età adulta).

Ebbene, se desideri apprendere il modo in cui spingere la tua mente al di là della comfort zone che le appartiene, devi pur tratteggiare nuovi orizzonti da raggiungere. Leggendo questo manuale, molto probabilmente ti sei chiesto quale sia il primo passo da compiere per iniziare un percorso di miglioramento. Se senti che la tua routine è tanto annichilente quanto soffocante, la prima cosa che devi fare è immaginare *una via di fuga*. Proprio per questo motivo, ti consigliamo di dedicare una manciata di minuti giornalieri a un esercizio stimolante ed estremamente creativo. Molti sono i diari della creatività che puoi acquistare online o in libreria, tra cui il *noto "Accendi le tue idee" di Austin Kleon*[7]. Il testo è un blocco notes in cui cimentarsi tra esercizi di ideazione grafica (realizzazione di diagrammi, immagini, rappresentazioni emozionali e così via), passando per l'approccio a nuove

---

[7] Austin Kleon è un vero guru in fatto di creatività, comunicazione e ideazione del diverso. Anche in questo caso, apprendere dai grandi maestri permette di avere sempre a portata di mano un fedele alleato su cui puntare le tue strategie di crescita e le suggestioni della giornata. Il testo è disponibile in copia cartacea, edito dall'editore Vallardi (2016)

lingue e a inedite forme di pensiero e di razionalizzazione.

Prima di tuffarti nel mare di e-mail a cui devi assolutamente

rispondere, lascia che la tua giornata possa iniziare con il

piede giusto: forse non lo sai, ma il *mood* mattutino

determina in larga misura i risultati portati a compimento nel

corso del pomeriggio e della sera. *Provare per credere!*

Esercizi di persuasione e di magnetismo personale: le tecniche per mettere in pratica un mindset di successo

Non c'è crescita personale senza una visione d'insieme dei

risultati che siamo riusciti ad ottenere nel corso del

cambiamento. Al di là delle tre settimane di settaggio

psicologico che abbiamo già consigliato di mettere in pratica

(sia per quanto riguarda le abitudini dannose sia per quanto

concerne il settaggio psicologico generale) è bene conoscere

alcune tecniche di persuasione e manipolazione mentale che

potranno esserti utili come sostegno all'autostima, alla sperimentazione, alla sicurezza in te stesso e alla determinazione. Ecco cosa non può assolutamente mancare alle tue *skills* relazionali!

Tecnica del *perché non dovresti?*

Immagina di dover presentare un'idea a cui tieni particolarmente. Sei di fronte al tuo capo che – in modo scettico e pedante – non sembra essere particolarmente colpito dalla tua proposta. Eppure, tu sei certo della validità della tua iniziativa e sai che, l'atteggiamento freddo e scostante della controparte, dipende in larga misura dal fatto che tu non sei in grado di persuadere. Non sai come parlare, approcciare o muovere le mani; ti senti incapace e inetto, perdi autostima e finisci per gettare la spugna a un passo dalla realizzazione dei tuoi obiettivi professionali. Percepisci che il tuo capo è a un passo dal pronunciare un *"No"* definitivo. L'anticipi e gli chiedi: *"penso che questa soluzione possa favorire l'azienda. Perché non dovrebbe?"* Il professor Stiff e i suoi colleghi - autori del testo *Persuasive Communication* [8] - hanno dimostrato che la semplice frase "perché no?" è in grado di spiazzare l'interlocutore. In linea generale, quando il cervello si trova costretto ad argomentare in maniera critica e razionale una negazione, diventa automaticamente più accomodante. Un *"no"* certo diviene un semplice ostacolo da superare (il successo, di conseguenza, si avvicina considerevolmente). Fornire delle obiezioni è un consumo di energia che l'essere umano raramente sceglie di affrontare; *molto più probabilmente riuscirai a strappare un cenno di assenso al tuo capo!*

---

[8] **Persuasive Communication**. *Third Edition. James B.* **Stiff** *and Paul A. Mongeau.*

Tecnica del Mirroring: il mindset permette di entrare in contatto con le altre persone

L'esercizio - noto in italiano sotto il nome di *tecnica dello specchio* - ha l'obiettivo di imitare i movimenti, la postura e le espressioni verbali della persona che stai cercando di persuadere. Capisci bene che un Growth Mindset ben radicato ti permetterà di generare feeling tra te e il tuo interlocutore con maggiore semplicità e spontaneità: agendo come l'individuo che ti ascolta – prestando attenzione al movimento delle mani, alle posizioni di avvicinamento e di distacco, al tono di voce (se esso è stridulo e affaticato piuttosto che calmo e suadente) – potrai sintonizzarti sulle sue stesse lunghezze d'onda. Ti chiederai: *"Ma non rischio di sembrare inopportuno?"* Ebbene, i movimenti in questione sono compiuti del tutto inconsciamente dalle persone che ci circondano e che si relazionano con noi; mettiti davanti a un amico o a un familiare che conosci bene e cerca di riprodurre la sua gestualità a distanza di 2/4 secondi dal momento della sua emissione. Ti renderai conto che il mirroring permette alla controparte di sentirti in una sorta di zona di comfort, una condizione psicologica in cui tu sarai in grado di risultare familiare e ben voluto. Vogliamo che tu possa sperimentare il potere della nostra mente e del nostro linguaggio del corpo allo scopo di comprendere che maggiore sarà l'efficienza del tuo Growth Mindset, più elevate saranno le *chances* di raggiungere gli obiettivi che ti sei prefissato mediante la cooperazione tra individui (che riuscirai a persuadere).

Tecnica numero 3: *do ut des* (dai per ricevere qualcosa in cambio)

Hai programmato fin nei minimi dettagli il percorso di crescita che ti permetterà di raggiungere il tuo obiettivo.

Eppure, inutile negarlo, molto spesso i fattori provenienti dal mondo esterno concorrono al nostro fallimento. Un collega eccessivamente pedante, un professore universitario che non presta attenzione alle tue necessità o un familiare che la pensa diversamente da te. Cosa fare? C'è un modo scientificamente comprovato che ti consenta di persuadere la controparte? Sfortunatamente la risposta non può essere data con certezza: gli elementi che concorrono al tuo personale successo possono essere molteplici ma, in ogni caso, avrai bisogno di un settaggio psicologico propositivo. Non chiuderti nelle tue posizioni, ma opta per la tecnica del do ut des latino. Cosa significa questo, ina altre parole? Facciamo riferimento alla legge suggestiva (elaborata da Robert Cialdini[9]) secondo cui, per una sorta di regola della reciprocità, ci sentiamo in

---

[9] **Robert Cialdini** è uno psicologo statunitense (attualmente Professore di Marketing all'Arizona State University) noto al grande pubblico per i suoi studi condotti in merito alle leggi persuasive che sono alla base del marketing, della comunicazione, della PNL e di tutte le discipline che si interrogano sull'efficacia delle parole e delle immagini. Se sei interessato a un approfondimento, non possiamo che consigliarti di leggere il caposaldo dei suoi studi: "Le armi della Persuasione" pubblicato per la prima volta nel 1984.

• • •

debito nei confronti di una persona che ci ha fatto un regalo, finché non riusciamo in qualche modo a ricompensarla per il gesto compiuto. Pensa alle associazioni di beneficenza: in cambio di un piccolo dono, riescono a incrementare il sostegno dei cittadini del +75%. *Non male, vero?*

Tecnica numero 4: chiedi qualcosa che non ti interessa

Se hai compreso il fulcro di un Mindset attivo e propositivo, avrai anche capito che la collaborazione tra individui è il primo passo per riuscire a superare ostacoli apparentemente insormontabili. Di conseguenza, non dimenticare mai che la relazione interpersonale deve potersi basare su un principio di simpatia. Immagina di voler chiedere al tuo collega in ufficio un cambio turno a cui tieni particolarmente (magari perché hai scelto di dedicare il pomeriggio a un'attività importante per il tuo futuro e per la tua carriera a venire). Sai già che l'interlocutore tenderà a sviare la domanda, in quanto

non ha intenzione di svegliarsi presto al mattino per

raggiungere il luogo di lavoro. Come fare? Il nostro consiglio

è il seguente: chiedi dapprima qualcosa che non ti interessa,

in modo da aprire la strada alla conversazione. Dopo aver

ottenuto il primo sì di scarso valore *("sei felice di tornare a

casa per guardare la partita stasera, eh?")* sarà molto più

semplice riuscire a strappare la seconda affermazione, quella

che realmente ti interessa *("a proposito, posso chiederti un

favore? Domani dovrei e così via")*. Il motivo? La controparte

interpreta l'atteggiamento di vicinanza e di apertura come un

riflesso delle tue intenzioni verso la questione ("*mi comporto

così perché quella persona mi sta simpatica, e non mi ha

subito fatto pressioni su quell'argomento*").

Tecnica numero 5: Loquacità e consigli di ordine generale

L'ultima tecnica persuasiva che vogliamo proporti concerne la manifestazione linguistica delle tue intenzioni: la comunicazione para-verbale (ovvero quella che riguarda il tono della voce, la velocità respiratoria, il volume con cui parliamo e così via) riesce a trasmettere inconsciamente le tue reali intenzioni. Pause e piccole incertezze che bloccano il discorso, ad esempio, possono essere recepite dalla controparte come motivo di inettitudine e di incertezza. Per evitare lo spiacevole senso di *"non so cosa sto dicendo"*, sarebbe bene parlare in maniera fluida. Accompagna le tue parole con gesti della mano che siano morbidi e rafforzativi, guarda negli occhi la persona che ti sta davanti e non perdere mai di vista il tuo obiettivo: *potrai così diventare un vero sofista!* In secondo luogo, occhio al vocabolario che scegli di adoperare. Vogliamo farti un esempio a sostegno di ciò che intendiamo: immagina di dover rimproverare un elemento del tuo team professionale a causa di un lavoro che non è stato ancora consegnato in prossimità della sua scadenza. Piuttosto che rivolgerti all'interlocutore usando un eccesso di "tu" (che suonano come antagonisti e accusatori, del tipo: *"Avresti dovuto portare a termine quel task"*) opta per una frase più smart come*: "sono molto agitato, il lavoro che ho commissionato non è stato ancora portato a termine e non penso si possa fare molto ormai. Sarebbe bene mettersi immediatamente all'opera!"*

Conclusioni: Mindset, motivazione, autostima e tanta voglia di mettersi in gioco

Il viaggio alla scoperta di un Growth Mindset di successo termina qui. I nostri esercizi sono stati il motivo per cui abbiamo voluto guidarti step-by-step in direzione di una consapevolezza sia teorica che pratica. Non basta leggere qualche frase motivazionale per apprendere i "trucchi del mestiere". Non è sufficiente pensare di poter stravolgere un settaggio psicologico inefficiente con un insieme di parole pronunciate da qualche presunto guru. Quello che devi fare è studiare, faticare e avere sempre di vista il tuo obiettivo. Basta davvero poco per tornare ad operare nella confort-zone precedente: la tua pigrizia e la tua paura di fallire sono gli ostacoli più grandi da dover superare, molto più di quanto non lo siano i fattori provenienti dal mondo esterno che spesso concorrono agli sbagli, agli errori, alle mancanze di ognuno di noi. In questo libro, di conseguenza, abbiamo voluto risalire la corrente del fiume in direzione contraria, così da dimostrarti che ogni individuo nasce con il proprio background – ovvero con il proprio Fixed Mindset – proiettato al passato e a ciò che è stato costruito nel tempo. Non basta! La vita è costituita da un insieme potenzialmente infinito di tasselli del puzzle che devono essere usati per dare vita a forme, figure e suggestioni del tutto inedite, ovvero proiettate al futuro (Growth Mindset).

Nutri la tua mente, viaggia, sii grato di ciò che possiedi e lavora sodo affinché ciò che desideri arrivi nella tua esistenza il prima possibile. Non è bene aspettare che qualcosa accada: la passività è nemica della creatività e della capacità di scelta che è un diritto e un dovere di tutti noi. Infine, non possiamo che salutarti nella speranza che le nostre parole abbiano sortito per te un qualche effetto. Che siano state interessanti, innovative o altamente persuasive questo non possiamo saperlo (e non ci importa nemmeno così tanto): l'importante è che tu possa mettere in pratica i nostri suggerimenti in maniera progettuale e libera, consapevole che i fallimenti a cui andrai in contro fanno parte del gioco e non possono essere negati! La nuova psicologia del successo ti permette di crescere potendo così contare su un insieme di conoscenze (teoriche, pratiche e scientifiche) che hanno determinato la vittoria di imprenditori, uomini dello spettacolo, pensatori e artisti. *Ora tocca a te: scegli un obiettivo, rileggi le pagine più importanti di questo testo, ritaglia del tempo per te stesso e inizia a realizzare i sogni da troppo tempo chiusi nel cassetto!*

Vogliamo lasciarti con un'ultima citazione, pronunciata da Winston Churchill:

"Success is not final, failure is not fatal: it is the courage to continue that counts.

<u>*Il successo non è definitivo, il fallimento non è fatale: ciò che conta è il coraggio di andare avanti."*</u>

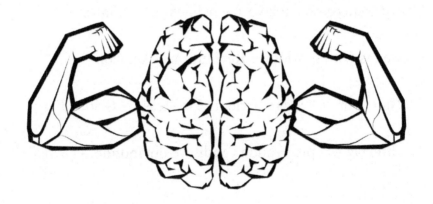

Bibliografia

Carnegie Dale – Cone trattare gli altri e farseli amici – Bompiani

Cialdini Robert - Influence, come e perché si finisce col dire di sì – Giunti

Clason George – L'uomo più ricco di Babilonia - Gribaudi

Covey Carol D. - Mindset per il successo: Il libro sul mindset per avere successo sul lavoro e nella vita. – Amazon

De Sanctis Ivan – Mindset Revolution – Amazon

Hill Napoleon – Pensa e arrichisci te stesso – Gribaudi

Mandino Og – il più grande venditore del mondo – Gribaudi

Penenberg Adam L. – Viral Loop, the power of pass-it-on

Prez Carlos - MINDSET E SUCCESSO: Crescita Personale e Mindset adeguato per ottenere Successo nella vita – Amazon

Tolle Eckhart – Il potere di adesso – Editore My Life

Made in the USA
Middletown, DE
18 March 2022

62861637R00086